ゲッターズ飯田の五星三心占い開運ブック

Getters Iida Kaiun Book

改訂版

決断できる。
好きになる。
楽しくなる。

講談社

運気の良くなる逸話

起業を夢見る貧乏学生の苦難

「運がいい」は、自分で作れます。日々の生き方で、運は変わってくるもの。ある会社の社長さんと出会って、聞かせていただいた話です。

　その社長さんは、よく「自分は運がいいからね」といろんな話をしてくれます。

　ある時、学生時代の話をしてくれました。

「貧乏学生で、親もお金がなかったから大学にはほとんど行かないでバイトばかりやっていましたよ。いつか起業しようと思って、バイトのお金は空き缶に詰めて貯めていました」

　社長さんは、ボロいアパートに住んで朝の新聞配達から始まり、皿洗いや夜の仕事など、いろいろバイトをやっていました。

　毎朝、挨拶を交わす大家のおばあさんに元気に挨拶をして、将来の夢を熱く語ったりする希望に満ちた青年でした。

　しかし、ある日のこと、家に帰るとアパートの周辺に人だかりができていました。すぐに、嫌な気配がしたそうです。そのアパートは火事で全焼していました。すべての物が燃えてなくなってしまい、呆然とするしかありません。もちろん、これまで貯めていたアルバイトのお金も燃えてなくなってしまいました。

「なんて自分は運がないんだろう」

　社長さんは、そう思って落胆し涙を流したと言います。火事は、老朽化と漏電が原因だったらしいので、気持ちのやり場もありません。

「運がいい」と信じることが成功へと繋がる

　数日後、大家さんが訪ねてきました。

「真っ黒に焦げた空き缶の中に、数万円が焼け残っていたよ」

　と大家のおばあさんが持ってきてくれたのです。

「なんてツイているんだ！」

　その時、社長の考えは一変したようです。

「それからは、〝自分はなんて、運がいい〟と思うようになったんですよ」

　社長は、火事になってもお金は戻ってきたので「自分は運がいい！」と確信して、起業するためにさらに一生懸命バイトをしました。そして、運の良さを味方につけて、努力を重ねて起業し成功を収めたのです。

「飯田君も〝運がいい！〟と思ったほうがいいですよ。運は、〝運がいい〟と言うと味方してくれるから！」

　社長さんのその言葉がとても印象的でした。

「運がいい！」と確信し、運を味方につけるということ。まさに、この本に相応しい開運のエピソードです。

運が良くなるように生きていくということ

しかし、話はそれだけでは終わりません。この話には続きがあります。

ある日、会社の秘書の採用面接で、とても笑顔が素敵で上品な女性が来ました。その女性の履歴書を見ると、住所が学生時代に住んでいたアパートに近かったのです。

そこで、僕にしてくれたように、

「……火事になったけれど、焼け跡から空き缶に入ったお金は出てきた。私は、運がいいですよ」と話したそうです。

すると、その女性は、

「もう他界した祖母から聞いた話に非常によく似ています。昔、祖母がアパートの大家をしていた頃、勉強もしないでアルバイトばかりしているけど、とても素敵な学生さんが住んでいたということです。毎朝、笑顔で元気よく挨拶をして、将来は起業すると夢を語っていたそうです。しかし、ある日、そのアパートが全焼してしまい、学生さんが空き缶に貯めていたお金も失ってしまったと聞きました。祖母は、落ち込んでいる学生さんを見かねて、焼け跡からそれらしき空き缶を見つけて、自分のお金に煤を付けて渡したと言っていました」

その女性は、おばあさんの孫だったのです。

「挨拶は元気よくしなさい。その学生さんは毎朝元気よく挨拶をしてくれて、とても素敵な子だったから助けてあげたんだよ。あんなに良い子じゃなかったらそんなことはしなかった」

と、よくその女性に言い聞かせていたそうです。

社長は、単純に火事の中からお金が出てきたから「自分は運がいい」と思っていたのに、実はおばあさんに助けられていたのです。

それは、ただ「運がいい」ということではなく、社長が元気に挨拶をして素直に生きていたからこそ起きました。自分で運が良くなるように生きていたということです。結果的に、運を呼び込むように生きていたのです。

挨拶と元気と笑顔、そして出会いを大切に

「ただ挨拶していただけなのに。なんてありがたいことなんだろう」

社長は、〝運がいいと思う〟ことよりも大切なことを改めて感じ取りました。幸運は自分で作り出せるということです。

運がいい人は、運が良くなるように生きているのです。

その基本となるのは、

一、挨拶をしっかりする。
二、いつも元気よく。
三、笑顔を忘れない。

これもまた、開運の大切な三ヵ条です。

それにしても、自分が所有するアパートが全焼したのに、赤の他人にお金を無償で施すことのできるおばあさんの慈悲深さに驚かされます。おばあさんの厚意が、多くの幸運を今も繋いでいるのです。そんな素晴らしい人との出会いがあったことは、やはり〝運がいい〟ということになるのでしょうが……。〝出会い〟にこそ、開運が潜んでいます。

はじめに

この本は『ゲッターズ飯田の開運ブック60タイプ別開運のための3ヵ条』と『ゲッターズ飯田の開運ブック　お金・結婚・出世を叶える法則』の2冊を合わせた本になっています。約7年前に出した本で、現在は120タイプ別での性格や運勢を伝えていますが、この段階ではまだ60タイプ別となっています。ゲッターズ飯田の頭の中では処理ができても、本に書いて出すことの難しさや売れるために工夫をしなければならない、まだ試行錯誤している頃の本でもあります。そのため、若干アドバイスや内容が古い感じや今とは違う部分もありますが、その後の、『ゲッターズ飯田の五星三心占い決定版』や『運命の人の増やし方』に繋がる本だと思って頂けたら幸いです。

特に、開運3ヵ条は、現在の年間本内にある3ヵ条もここから来ており、「この3つくらい守ってください」と長い文章を読んでも「結局何していいのか分からない」、とならないように「最低でもこの3つは守ってください」とわかりやすくしたものが現在でも残っている部分です。

「開運」と聞いて皆さんはどんなイメージを持たれるか、人それぞれだと思いますが、開運とは、日々の行いや考え方でできるものだと気付ける、このページの直前に載っているエピソード、「運気の良くなる逸話」が、この本を作るきっかけになりました。生き方一つで人生が変わってくる、考え方一つで人生は良い方向に進むもの、人として大切なことをしっかりする、当たり前で当然なことをおろそかにしていては、運は味方しない。運とは、開運とは、人であり人間関係だと理解ができると、この本で記した以外の開運方法もいくらでも見つけられると思います。この本を読まれて意外だと全く思わず、日々行っている人だとしたら、既にいろいろな人に助けられて恵まれた人生を送っている人かも知れません。

前半は占いから開運方法やタイプ別の運気の説明があり、そこから60タイプごとに分かれた説明がありますが、占い本は自分のページだけを読んでも意味はないので、自分以外の他人の説明を読んで、占いという面から理解すると、この本を上手く活かせるようになると思います。少しでも相手のことや周囲の人、苦手な人を知って日々の生活に役立ててください。

後半は、開運に繋がる考え方や、日々の行動、簡単にできる方法や法則が載っています。この本は読むだけでは意味がないので、少しでもよいので実践する、行動してみることが大切です。一、二度で変わるほど開運の道は簡単ではないですが、どれも難しいことはないと思うので、ゆっくりでもいいから、自分の成長を楽しみながら行ってみてください。

この本を読んで頂きありがとうございます。自分の運気を良くしたい、開運したいと思う気持ちは大切ですが、今ある自分の幸せを見逃さないように「ある」ことに気がつき「ない」を追いかけないことも大切です。この本を手に取っただけでも十分幸せであり、幸運であることを忘れないように。幸せの欠片は常に小さく見つけにくいですが、常に私たちの近くや目の前にあるものです。

皆さんの開運を心から祈っております。

ゲッターズ飯田

Contents

目次

オリジナル版構成
スプリングファーム
イラスト
トシダナルホ
デザイン
青木貴子
協力
古屋あきさ

五星三心占いは、まず、自分の命数を知ることから始まります。

『五星三心占い』は、四柱推命、気学、算命学、宿曜学、手相、人相、西洋占星術などを組み合わせて生み出したオリジナルの占術です。それぞれの占いは30％くらいしか当たりません。だから、様々な占術をリンクさせて限りなく１００％に近い答えを探した結果、辿り着きました。

五星の〝五〟は、陰陽五行説（十干と十二支を組み合わせた60を周期とする考え方）の〝五〟に由来しています。**五行は、火、金、水、木、土で表され**、それぞれ人間の特性や、**五つの欲望**に当てはめることができます。それは、自分中心で生きたい、自分も目標のために生きたいという「**自我欲**」、食欲やＳＥＸ、お喋りなど快楽を追求する「**表現欲**」、お金や現実的な損得勘定、不動産などを表す「**金欲**」、権力や地位にこだわり、正義感を重んじる「**地位欲**」、それに知的好奇心、探究心や芸術・美術にこだわる「**名誉欲**」の五つです。これが占いの基本となります。

そして人の運気の流れは３パターンしかありません。つまり、**天・海・地、で象徴される３つの行動パターン**に分類されます。占う時、その相手が生年月日を書く時の言動やしぐさなどから、その行動パターンを摑んでいます。
人は、五つの欲望と三つの行動パターンが混じり合ってできている、ということになります。その考えを基本とした占術が、五星三心占いなのです。
五星三心占いの結果を知るには、まず、生年月日ごとに割り振られた「命数」を知らなければなりません。命数は、1〜60の数字で表され、ひとつひとつの数字に、それぞれの人の特性や運気が当てはめられています。

① 命数を調べる

P11から始まる命数表で、
命数がわかります。

1. 生まれた年を探し、
2. 横軸の生まれた月と、
3. 縦軸の生まれた日が
重なったマスを探します。

そこに記されているのが、
あなたの命数です。

② タイプを調べる

命数から、あなたのタイプが
わかります。

命数　1〜10……羅針盤座
命数 11〜20……インディアン座
命数 21〜30……鳳凰座
命数 31〜40……時計座
命数 41〜50……カメレオン座
命数 51〜60……イルカ座

③「金」か「銀」か、属性を調べる

さらに、西暦で表した生まれた年から、
自分の属性がわかります。

生年の西暦が偶数なら「金」
生年の西暦が奇数なら「銀」

こうして命数・タイプ・属性を
調べます。

1990年 —平成2年— Gold

日＼月	1	2	3	4	5	6	7	8	9	10	11	12
1	8	33	2	40	3	32	1	32	4	33	9	33
2	7	32	9	39	4	39	10	31	1	32	10	34
3	6	31	10	38	1	40	9	40	2	31	7	31
4	5	39	7	37	2	37	8	39	9	40	8	32
5	4	40	2	36	9	38	7	38	10	39	15	49
6	3	37	5	35	10	35	6	37	17	48	16	50
7	2	38	6	34	7	36	5	46	18	47	13	47
8	1	45	3	33	8	43	14	46	15	46	14	48
9	20	46	4	42	15	44	13	43	16	45	11	45
10	19	43	11	41	16	41	12	44	13	44	12	46
11	18	44	12	50	13	42	11	41	14	43	19	43
12	17	49	19	49	14	49	20	42	11	42	20	44
13	16	50	20	48	11	50	19	49	12	41	17	41
14	15	47	17	47	14	47	18	50	19	50	18	42
15	12	48	18	44	11	48	17	47	20	49	25	59
16	11	45	15	43	12	45	16	42	27	58	22	60
17	20	46	15	42	19	47	13	59	28	57	29	57
18	17	53	14	48	20	56	22	60	25	52	30	57
19	26	52	13	55	27	55	21	57	25	51	27	56
20	25	59	22	56	28	54	24	58	24	60	28	55
21	24	60	21	53	21	53	23	55	23	52	25	54
22	23	57	30	54	22	52	22	56	22	59	26	53
23	22	58	29	51	29	51	21	51	21	60	21	52
24	21	55	28	52	30	60	30	52	30	57	22	51
25	30	56	27	59	27	59	29	59	29	58	39	10
26	29	53	26	60	28	58	28	60	38	5	40	9
27	28	54	25	57	25	55	27	7	37	6	37	8
28	27	1	24	58	26	4	36	8	36	3	38	7
29	36		23	5	33	3	35	5	35	4	35	6
30	35		32	6	34	2	34	6	34	1	36	5
31	34		31		31		33	3		2		4

たとえば、

1990年3月25日生まれなら、

1990年は偶数なので

属性は → 金

P37上の命数表から、

命数は27なので

タイプは → 鳳凰座となり、

金の鳳凰座であることがわかります。

第一章の「12タイプの開運3ヵ条と金運・結婚運・出世運」では、P80から、また第二章の「60タイプ別開運3ヵ条とお金・結婚・出世のためのワンポイント」ではP143の「命数27」を、それぞれ、まず読むべきことがわかります。

命数表

命数

1～10	羅針盤座
11～20	インディアン座
21～30	鳳凰座
31～40	時計座
41～50	カメレオン座
51～60	イルカ座

金 生年の西暦が **偶数**

銀 生年の西暦が **奇数**

1940年 昭和15年 Gold

日＼月	1	2	3	4	5	6	7	8	9	10	11	12
1	31	16	34	12	45	14	43	14	46	15	41	15
2	48	15	41	11	46	11	42	13	43	14	42	16
3	49	14	42	20	43	12	41	12	44	13	49	13
4	48	13	49	19	44	19	50	11	41	12	50	14
5	47	11	50	18	41	20	49	20	42	11	47	11
6	46	12	47	17	42	17	48	19	49	20	48	12
7	45	19	48	16	49	18	47	18	50	19	55	29
8	44	20	45	15	50	15	46	18	57	28	56	30
9	43	17	46	14	47	16	45	25	58	27	53	27
10	42	18	43	13	48	23	54	26	55	26	54	30
11	41	25	44	22	55	24	53	23	56	25	51	25
12	60	26	51	21	56	21	52	24	53	24	52	26
13	59	21	52	30	53	22	51	21	54	23	59	23
14	58	22	59	29	56	29	60	22	51	22	60	24
15	57	29	60	26	53	30	59	29	52	21	53	21
16	57	30	57	25	54	27	58	24	59	30	54	22
17	53	27	57	24	51	29	55	21	60	29	1	39
18	52	28	56	30	52	28	54	22	7	34	2	39
19	59	25	55	27	59	27	53	39	7	33	9	38
20	58	24	54	28	60	36	6	40	6	32	10	37
21	57	31	53	35	3	35	5	37	5	34	7	36
22	6	32	2	36	4	34	4	38	4	31	6	35
23	5	39	1	33	1	33	3	33	3	32	3	34
24	4	40	10	34	2	32	2	34	2	39	4	33
25	3	37	9	31	9	31	1	31	1	40	1	32
26	2	38	8	32	10	38	10	32	10	37	2	31
27	1	35	7	39	7	37	9	39	9	38	19	50
28	10	36	6	40	8	36	8	40	18	45	20	49
29	9	33	5	37	5	35	7	47	17	46	17	48
30	8		4	38	6	44	16	48	16	43	18	47
31	7		3		13		15	45		44		46

1941年 昭和16年 Silver

日＼月	1	2	3	4	5	6	7	8	9	10	11	12
1	45	20	47	17	42	17	48	19	49	20	48	12
2	44	19	48	16	49	18	47	18	50	19	55	29
3	43	18	45	15	50	15	46	17	57	28	56	30
4	42	18	50	14	47	16	45	26	58	27	53	27
5	41	25	47	13	43	23	54	25	55	26	54	28
6	60	26	44	22	52	24	53	24	56	25	51	25
7	59	23	56	21	56	21	52	21	53	24	52	26
8	58	24	52	30	53	22	51	21	54	24	59	23
9	57	21	59	29	54	29	60	22	51	22	60	24
10	56	22	60	28	51	30	59	29	52	21	57	21
11	55	29	57	27	52	27	58	30	59	30	58	22
12	54	21	58	26	59	28	57	27	60	29	5	39
13	53	25	55	25	60	25	56	28	7	38	6	40
14	52	26	56	24	59	26	55	35	8	37	3	37
15	51	33	53	21	60	33	4	36	5	36	4	38
16	8	34	54	40	7	34	3	37	6	35	7	35
17	7	31	2	39	8	34	10	38	3	34	8	36
18	6	32	1	33	5	33	9	35	4	33	5	34
19	3	37	10	34	6	32	8	36	2	38	6	33
20	2	38	9	31	3	31	1	33	1	37	3	32
21	1	35	8	32	10	40	10	34	10	36	4	31
22	10	36	7	39	7	39	9	31	9	38	11	50
23	9	33	6	40	8	38	8	40	18	45	20	49
24	8	34	5	37	5	37	7	47	17	46	17	48
25	7	41	4	38	6	46	16	48	16	43	18	47
26	17	42	3	45	13	45	15	45	15	44	15	46
27	15	49	12	46	14	42	14	46	14	41	16	45
28	14	50	11	43	11	41	13	43	13	42	13	44
29	13		20	44	12	50	12	44	12	49	14	43
30	12		19	41	19	50	11	41	11	50	11	42
31	11		18		20		20	42		47		41

1942年 昭和17年 Gold

日＼月	1	2	3	4	5	6	7	8	9	10	11	12
1	60	25	44	22	55	24	53	24	56	25	51	25
2	59	24	51	21	56	21	52	23	53	24	52	26
3	58	23	52	30	53	22	51	22	54	23	59	23
4	57	21	59	29	54	29	60	21	51	22	60	24
5	56	22	60	28	51	30	59	30	52	21	57	21
6	55	29	57	27	52	27	58	29	59	28	58	22
7	54	30	58	26	59	28	57	28	60	29	5	39
8	53	27	55	25	60	25	56	28	7	38	6	40
9	52	28	56	24	57	26	55	35	8	37	3	37
10	51	35	53	23	58	33	4	36	5	36	4	38
11	10	36	54	32	5	34	3	33	6	35	1	35
12	9	31	1	31	6	31	2	34	2	34	2	36
13	8	32	2	40	3	32	1	31	4	33	9	33
14	7	39	9	39	6	39	10	32	1	32	10	34
15	6	40	10	36	3	40	9	39	2	31	7	31
16	3	37	7	35	4	37	8	34	9	40	4	32
17	2	38	7	34	1	39	7	31	10	39	11	49
18	1	35	6	40	2	38	4	32	17	48	12	50
19	8	34	5	37	9	37	3	49	17	43	19	48
20	7	41	4	38	10	46	12	50	16	42	20	47
21	16	42	3	45	13	45	15	47	15	41	17	46
22	15	49	12	46	14	44	14	48	14	41	18	45
23	14	50	11	43	11	43	13	43	13	42	13	44
24	13	47	20	44	12	42	12	44	12	49	14	43
25	12	48	19	41	19	41	11	41	11	50	11	42
26	11	45	18	42	20	50	20	42	20	47	12	41
27	20	46	17	49	17	47	19	49	19	48	29	60
28	19	43	16	50	18	46	18	50	28	55	30	59
29	18		15	47	15	45	17	57	27	56	27	58
30	17		14	48	16	54	26	58	26	53	28	57
31	26		13		23		25	55		54		56

1943年 昭和18年 Silver

日＼月	1	2	3	4	5	6	7	8	9	10	11	12
1	55	30	57	27	52	27	58	29	59	30	58	22
2	54	29	58	26	59	28	57	28	60	29	5	39
3	53	28	55	25	60	25	56	27	7	38	6	40
4	51	27	56	24	57	26	55	36	8	37	3	37
5	51	35	53	23	58	33	4	35	5	36	4	38
6	10	36	54	32	3	34	3	34	6	35	1	35
7	9	33	1	31	6	31	2	33	3	37	2	36
8	8	34	2	40	3	32	1	31	4	33	9	33
9	7	31	9	39	4	39	10	32	1	32	10	34
10	6	32	10	38	1	40	9	39	2	31	7	31
11	5	39	7	37	2	37	8	40	9	40	8	32
12	4	40	8	36	9	38	7	37	10	39	15	49
13	3	35	5	35	10	35	6	38	17	48	16	50
14	2	36	6	34	1	36	5	45	18	47	13	47
15	1	43	3	33	2	43	14	46	15	46	14	48
16	18	44	4	50	17	44	13	47	16	45	17	45
17	17	41	12	49	18	44	12	48	13	44	18	46
18	16	42	11	48	15	43	19	45	14	43	17	45
19	13	49	20	44	16	42	18	46	12	48	16	46
20	12	48	19	41	13	41	17	43	11	47	13	43
21	11	45	18	42	20	50	20	44	20	46	14	44
22	20	46	17	49	17	49	19	41	19	48	21	51
23	19	43	16	50	18	48	18	50	28	55	30	60
24	18	44	15	47	15	47	17	57	27	56	27	57
25	17	51	14	48	16	56	26	58	26	53	28	58
26	26	52	13	55	23	55	25	55	25	54	25	55
27	25	59	22	56	24	52	24	56	24	51	26	55
28	24	60	21	53	21	51	23	53	23	52	23	54
29	23		30	54	22	60	22	54	22	59	24	53
30	22		29	51	29	59	21	51	21	60	21	52
31	25		28		30		30	52		57		51

1944年 ―昭和19年― Gold

日＼月	1	2	3	4	5	6	7	8	9	10	11	12
1	10	35	1	31	6	31	2	33	3	34	2	36
2	9	34	2	38	3	32	1	32	4	33	9	33
3	8	33	9	39	4	39	10	31	1	32	10	34
4	7	32	10	38	1	40	9	40	2	31	7	31
5	6	32	7	37	2	37	8	39	9	40	8	32
6	5	39	8	36	9	38	8	38	10	39	15	49
7	4	40	5	35	10	35	6	35	17	48	16	50
8	3	37	6	34	7	36	5	45	18	47	13	47
9	2	38	3	33	8	43	14	46	15	46	14	48
10	2	45	4	42	15	44	13	43	16	45	11	45
11	19	46	11	41	16	41	12	44	13	44	12	46
12	19	43	12	50	13	42	11	41	14	43	19	43
13	18	42	19	49	14	49	20	42	11	42	20	44
14	17	49	20	48	13	50	19	49	12	41	17	41
15	16	50	17	45	14	47	18	50	19	50	14	42
16	13	47	18	44	11	48	17	41	20	49	21	59
17	15	48	16	43	12	48	14	42	27	58	22	60
18	11	45	15	47	19	47	13	59	28	53	29	58
19	18	46	14	45	19	56	22	60	26	52	30	57
20	17	51	13	55	27	55	25	57	25	51	27	56
21	26	52	22	56	24	54	24	58	27	51	28	55
22	25	59	21	53	21	53	23	55	23	52	23	54
23	24	60	28	54	22	52	22	54	22	59	24	53
24	23	57	29	51	29	51	21	51	21	60	21	52
25	22	58	28	52	30	60	30	52	30	57	22	51
26	21	55	27	59	27	59	29	59	29	58	39	10
27	30	56	26	60	28	56	28	60	38	5	40	9
28	29	53	25	57	25	55	27	7	37	6	37	8
29	28	54	24	58	26	4	36	8	36	3	38	7
30	27		23	5	33	3	35	5	35	4	35	6
31	36		32		34		34	6		1		5

1945年 ―昭和20年― Silver

日＼月	1	2	3	4	5	6	7	8	9	10	11	12
1	4	39	8	36	9	38	7	38	10	39	15	49
2	3	38	5	35	10	35	6	37	17	48	16	50
3	2	37	6	34	7	36	5	46	18	47	13	47
4	1	45	3	33	8	43	14	45	15	46	14	48
5	20	46	8	42	15	44	13	44	16	45	11	45
6	19	43	11	41	16	41	12	43	13	44	12	46
7	18	44	12	50	13	42	11	42	14	43	19	43
8	17	41	19	49	14	49	20	42	11	42	20	44
9	16	42	20	48	11	50	19	49	12	41	17	41
10	15	49	17	47	12	47	18	50	19	50	18	42
11	14	50	18	46	19	48	17	47	20	49	25	59
12	13	45	15	45	20	45	16	48	27	58	26	60
13	12	46	16	44	17	46	15	55	28	57	23	57
14	11	53	13	43	20	53	24	56	25	56	24	58
15	30	54	14	60	27	54	23	53	26	55	21	55
16	27	51	21	59	28	51	22	58	23	54	28	56
17	26	52	21	58	25	53	29	55	24	53	25	53
18	25	59	30	54	26	52	28	56	21	52	26	53
19	22	58	29	51	23	51	27	53	21	57	23	52
20	21	55	28	52	24	60	30	54	30	56	24	51
21	30	56	27	59	27	59	29	51	29	55	31	10
22	29	53	26	60	28	58	28	52	38	5	32	9
23	28	54	25	57	25	57	27	7	37	6	37	8
24	27	1	24	58	26	6	36	8	36	3	38	7
25	36	2	23	5	33	5	35	5	35	4	35	6
26	35	9	32	6	34	4	34	6	34	1	36	5
27	34	10	31	3	31	1	33	3	33	2	33	4
28	33	7	40	4	32	10	32	4	32	9	34	3
29	32		39	1	39	9	31	1	31	10	31	2
30	31		38	2	40	8	40	2	40	7	32	1
31	40		37		37		39	9		8		20

1946年 ―昭和21年― Gold

日＼月	1	2	3	4	5	6	7	8	9	10	11	12
1	19	44	11	41	16	41	12	43	13	44	12	46
2	18	43	12	50	13	42	11	42	14	43	19	43
3	17	42	19	49	14	49	20	41	11	42	20	44
4	16	42	20	48	11	50	19	50	12	41	17	41
5	15	49	11	47	12	47	18	49	19	50	18	42
6	14	50	18	46	19	48	17	48	20	49	25	59
7	13	47	15	45	20	45	15	47	27	58	26	60
8	12	48	16	44	17	46	15	55	28	57	23	57
9	11	55	13	43	18	53	24	56	25	56	24	58
10	30	56	14	52	25	54	23	53	26	55	21	55
11	29	53	21	51	26	51	22	54	23	54	22	56
12	28	52	22	60	23	52	21	51	24	53	29	53
13	27	59	29	59	24	59	30	52	21	52	30	54
14	26	60	30	58	23	60	29	59	22	51	27	51
15	25	57	27	55	24	57	28	60	29	60	28	52
16	22	58	28	54	21	58	27	51	30	59	31	9
17	21	55	26	53	22	58	26	52	37	8	32	10
18	30	56	25	57	29	57	23	9	38	7	39	7
19	27	1	24	58	30	6	32	10	36	2	40	7
20	36	2	23	5	37	5	31	7	35	1	37	6
21	35	9	32	6	34	4	34	8	34	10	38	5
22	34	10	31	3	31	3	33	5	33	2	35	4
23	33	7	40	4	32	2	32	4	32	9	34	3
24	32	8	39	1	39	1	31	1	31	10	31	2
25	31	5	38	2	40	10	40	2	40	7	32	1
26	40	6	37	9	37	9	39	9	39	8	49	20
27	39	3	36	10	38	6	38	10	48	15	50	19
28	38	4	35	7	35	5	37	17	47	16	47	18
29	37		34	8	36	14	46	18	46	13	48	17
30	46		33	15	43	13	45	15	45	14	45	16
31	45		42		44		44	16		11		15

1947年 ―昭和22年― Silver

日＼月	1	2	3	4	5	6	7	8	9	10	11	12
1	14	49	18	46	19	48	17	48	20	49	25	59
2	13	48	15	45	20	45	16	47	27	58	26	60
3	12	47	16	44	17	46	15	56	28	57	23	57
4	11	56	13	43	18	53	24	55	25	56	24	58
5	30	56	14	52	25	54	23	54	26	55	21	55
6	29	53	21	51	26	51	22	53	23	54	22	56
7	28	54	22	60	23	52	21	52	24	53	29	53
8	27	51	29	59	24	59	30	52	21	52	30	54
9	26	52	30	58	21	60	29	59	22	51	27	51
10	25	59	27	57	22	57	28	60	29	60	28	52
11	24	60	28	56	29	58	27	57	30	59	35	9
12	23	57	25	55	30	55	26	58	37	8	36	10
13	22	56	26	54	27	56	25	5	38	7	33	7
14	21	3	23	53	30	3	34	6	35	6	34	8
15	40	4	24	2	37	4	33	3	36	5	31	5
16	37	1	31	9	38	1	32	8	33	4	38	6
17	36	2	31	8	35	3	31	5	34	3	35	3
18	35	9	40	7	36	2	38	6	31	2	36	4
19	32	10	39	1	33	1	37	3	31	7	33	2
20	31	5	38	2	34	10	36	4	40	6	34	1
21	40	6	37	9	37	9	39	1	39	5	41	20
22	39	3	36	10	38	8	38	2	48	15	42	19
23	38	4	35	7	35	7	37	17	47	16	47	18
24	37	11	34	8	36	16	46	18	46	13	48	17
25	46	12	33	15	43	15	45	15	45	14	45	16
26	45	19	42	16	44	14	44	16	44	11	46	15
27	44	20	41	13	41	11	43	13	43	12	43	14
28	43	17	50	14	42	20	42	14	42	19	44	13
29	42		49	11	49	19	41	11	41	20	41	12
30	41		48	12	50	18	50	12	50	17	42	11
31	50		47		47		49	19		18		30

1948年 昭和23年 Gold

日＼月	1	2	3	4	5	6	7	8	9	10	11	12
1	29	54	22	60	23	52	21	52	24	53	29	53
2	28	53	29	59	24	59	30	51	21	52	30	54
3	27	52	30	58	21	60	29	60	22	51	27	51
4	26	51	27	57	22	57	28	59	29	60	28	52
5	25	59	28	56	29	58	27	58	30	59	35	9
6	24	60	25	55	30	55	26	57	37	8	36	10
7	23	57	26	54	27	56	25	6	38	7	33	7
8	22	58	23	53	28	3	34	6	35	6	34	8
9	21	5	24	2	35	4	33	3	36	5	31	5
10	40	6	31	1	36	1	32	4	33	4	32	6
11	39	3	32	10	33	2	31	1	34	3	39	3
12	38	4	39	9	34	9	40	2	31	2	40	4
13	37	9	40	8	33	10	39	9	32	1	37	1
14	36	10	37	7	34	7	38	10	39	10	38	2
15	35	7	38	4	31	8	37	7	40	9	41	19
16	32	8	35	3	32	5	36	2	47	18	42	20
17	31	5	35	2	39	7	33	19	48	17	49	17
18	40	6	34	8	40	16	42	20	45	12	50	17
19	37	13	33	15	47	15	41	17	45	11	47	16
20	46	12	42	16	44	14	44	18	44	20	48	15
21	45	19	41	13	41	13	43	15	43	12	45	14
22	44	20	50	14	42	12	42	16	42	19	44	13
23	43	17	49	11	49	11	41	11	41	20	41	12
24	42	18	48	12	50	20	50	12	50	17	42	11
25	41	15	47	19	47	19	49	19	49	18	59	30
26	50	16	46	20	48	18	48	20	58	25	60	29
27	49	13	45	17	45	15	47	27	57	26	57	28
28	48	14	44	18	46	24	56	28	56	23	58	27
29	47	21	43	25	55	23	55	26	55	24	55	26
30	56		52	26	53	22	54	25	54	21	56	25
31	55		51		54		53	23		22		24

1949年 昭和24年 Silver

日＼月	1	2	3	4	5	6	7	8	9	10	11	12
1	23	58	25	55	30	55	26	57	37	8	36	10
2	22	57	26	54	27	56	25	6	38	7	33	7
3	21	6	23	53	28	3	34	5	35	6	34	8
4	40	6	24	2	35	4	33	4	36	5	31	5
5	39	3	31	1	36	1	32	3	33	4	32	6
6	38	4	32	10	33	2	31	2	34	3	39	3
7	37	1	39	9	34	9	40	1	31	2	40	4
8	36	2	40	8	31	10	39	9	32	1	37	1
9	35	9	37	7	32	7	38	10	39	10	38	2
10	34	10	38	6	39	8	37	7	40	9	45	19
11	33	7	35	5	40	5	36	8	47	18	46	20
12	32	6	36	4	37	6	35	15	48	17	43	17
13	31	13	33	3	38	13	44	16	45	16	44	18
14	50	14	34	12	47	14	43	13	46	15	41	15
15	49	11	41	19	48	11	42	14	43	14	42	16
16	46	12	42	18	45	12	41	15	44	13	45	13
17	45	19	50	17	46	12	48	16	41	12	46	14
18	44	20	49	11	43	11	47	13	42	11	43	12
19	41	15	48	12	44	20	46	14	50	16	44	11
20	50	16	47	19	41	19	49	11	49	15	51	30
21	49	13	46	20	48	18	48	12	58	24	52	29
22	48	14	45	17	45	17	47	29	57	26	59	28
23	47	21	44	18	46	26	56	28	56	23	58	27
24	56	22	43	25	53	25	55	25	55	24	55	26
25	55	29	52	26	54	24	54	26	54	21	56	25
26	54	30	51	23	51	21	53	23	53	22	53	24
27	53	27	60	24	52	30	52	24	52	29	54	23
28	52	28	59	21	59	29	51	21	51	30	51	22
29	51		58	22	60	28	60	22	60	27	52	21
30	60		57	29	57	27	59	29	59	28	9	40
31	59		56		58		58	30		35		39

1950年 —昭和25年—

Gold 金

日＼月	1	2	3	4	5	6	7	8	9	10	11	12
1	38	3	32	10	33	2	31	2	34	3	39	3
2	37	2	39	9	34	9	40	1	31	2	40	4
3	36	1	40	8	31	10	39	10	32	1	37	1
4	35	9	37	7	32	7	38	9	39	10	38	2
5	34	10	38	6	39	8	37	8	40	9	45	19
6	33	7	35	5	40	5	36	7	47	18	46	20
7	32	8	36	4	37	6	35	16	48	17	43	17
8	31	15	33	3	38	13	44	16	45	16	44	18
9	50	16	34	12	45	14	43	13	46	15	41	15
10	49	13	41	11	46	11	42	14	43	14	42	16
11	48	14	42	20	43	12	41	11	44	13	49	13
12	47	19	49	19	44	19	50	12	41	12	50	14
13	46	20	50	18	41	20	49	19	42	11	47	11
14	45	17	47	17	44	17	48	20	49	20	48	12
15	44	18	48	14	41	18	47	17	50	19	55	29
16	41	15	45	13	42	15	46	12	57	28	52	30
17	50	16	45	12	49	17	45	29	58	27	59	27
18	49	23	44	18	50	26	52	30	55	26	60	28
19	56	22	43	25	57	25	51	27	55	21	57	26
20	55	29	52	26	58	24	60	28	54	30	58	25
21	54	30	51	23	51	23	53	25	53	29	55	24
22	53	27	60	24	52	22	52	26	52	29	56	23
23	52	28	59	21	59	21	51	21	51	30	51	22
24	51	25	58	22	60	30	60	22	60	27	52	21
25	60	26	57	29	57	29	59	29	59	28	9	40
26	59	23	56	30	58	28	58	30	8	35	10	39
27	58	24	55	27	55	25	57	37	7	36	7	38
28	57	31	54	28	56	34	6	38	6	33	8	37
29	6		53	35	3	33	5	35	5	34	5	36
30	5		2	36	4	32	4	36	4	31	6	35
31	4		1		1		3	33		32		34

1951年 —昭和26年—

Silver 銀

日＼月	1	2	3	4	5	6	7	8	9	10	11	12
1	33	8	35	5	40	5	36	7	47	18	46	20
2	32	7	36	4	37	6	35	16	48	17	43	17
3	31	16	33	3	38	13	44	15	45	16	44	18
4	50	15	34	12	45	14	43	14	46	15	41	15
5	49	13	41	11	46	11	42	13	43	14	42	16
6	48	14	42	20	43	12	41	12	44	13	49	13
7	47	11	49	19	44	19	50	11	41	12	50	14
8	46	12	50	18	41	20	49	19	42	11	47	11
9	45	19	47	17	42	17	48	20	49	20	48	12
10	44	20	48	16	49	18	47	17	50	19	55	29
11	43	17	45	15	50	15	46	18	57	28	56	30
12	42	18	46	14	47	16	45	25	58	27	53	27
13	41	23	43	13	48	23	54	26	55	26	54	28
14	60	24	44	22	57	24	53	23	56	25	51	25
15	59	21	51	21	58	21	52	24	53	24	52	26
16	56	22	52	28	55	22	51	25	54	23	55	23
17	55	29	60	27	56	22	60	26	51	22	56	24
18	54	30	59	26	53	21	57	23	52	21	53	21
19	51	27	58	22	54	30	56	24	60	26	54	21
20	60	26	57	29	51	29	55	21	59	25	1	40
21	59	23	56	30	58	28	58	22	8	34	2	39
22	58	24	55	27	55	27	57	39	7	36	9	38
23	57	31	54	28	56	36	6	38	6	33	8	37
24	6	32	53	35	3	35	5	35	5	34	5	36
25	5	39	2	36	4	34	4	36	4	31	6	35
26	4	40	1	33	1	33	3	33	3	32	3	34
27	3	37	10	34	2	40	2	34	2	39	4	33
28	2	38	9	31	9	39	1	31	1	40	1	32
29	1		8	32	10	38	10	32	10	37	2	31
30	10		7	39	7	37	9	39	9	38	19	50
31	9		6		8		8	40		45		49

1952年

昭和27年

Gold

金

日＼月	1	2	3	4	5	6	7	8	9	10	11	12
1	48	13	49	19	44	19	50	11	41	12	50	14
2	47	12	50	18	41	20	49	20	42	11	47	11
3	46	11	47	17	42	17	48	19	49	20	48	12
4	45	20	48	16	49	18	47	18	50	19	55	29
5	44	20	45	15	50	15	46	17	57	28	56	30
6	43	17	46	14	47	16	45	26	58	27	53	27
7	42	18	43	13	48	23	54	26	55	26	54	28
8	41	25	44	22	55	24	53	23	56	25	51	25
9	60	26	51	21	56	21	52	24	53	24	52	26
10	59	23	52	30	53	22	51	21	54	23	59	23
11	58	24	59	29	54	29	60	22	51	22	60	24
12	57	21	60	28	51	30	59	29	52	21	57	21
13	56	30	57	27	54	27	58	30	59	30	58	22
14	55	27	58	26	51	28	57	27	60	29	5	39
15	54	28	55	23	52	25	56	22	7	38	2	40
16	51	25	56	22	59	26	55	39	8	37	9	37
17	60	26	54	21	60	36	2	40	5	36	10	38
18	59	33	53	35	7	35	1	37	6	31	7	36
19	6	34	2	36	8	34	10	38	4	40	8	35
20	5	39	1	33	1	33	3	35	3	39	5	34
21	4	40	10	34	2	32	2	36	2	39	6	33
22	3	37	9	31	9	31	1	31	1	40	1	32
23	2	38	8	32	10	40	10	32	10	37	2	31
24	1	35	7	39	7	39	9	39	9	38	19	50
25	10	36	6	40	8	38	8	40	18	45	20	49
26	9	33	5	37	5	37	7	47	17	46	17	48
27	8	34	4	38	6	44	16	48	16	43	18	47
28	7	41	3	45	13	43	15	45	15	44	15	46
29	16	42	12	46	14	42	14	46	14	41	16	45
30	15		11	43	11	41	13	43	13	42	13	44
31	14		20		12		12	44		49		43

1953年

昭和28年

Silver

銀

日＼月	1	2	3	4	5	6	7	8	9	10	11	12
1	42	17	46	14	47	16	45	26	58	27	53	27
2	41	26	43	13	48	23	54	25	55	26	54	28
3	60	25	44	22	55	24	53	24	56	25	51	25
4	59	23	51	21	56	21	52	23	53	24	52	26
5	58	24	52	30	53	22	51	22	54	23	59	23
6	57	21	59	29	54	29	60	21	51	22	60	24
7	56	22	60	28	51	30	59	30	52	21	57	21
8	55	29	57	27	52	27	58	30	59	30	58	22
9	54	30	58	26	59	28	57	27	60	29	5	39
10	53	27	55	25	60	25	56	28	7	38	6	40
11	52	28	56	24	57	26	55	35	8	37	3	37
12	51	33	53	23	58	33	4	36	5	36	4	38
13	10	34	54	32	5	34	3	33	6	35	1	35
14	9	31	1	31	8	31	2	34	3	34	2	36
15	8	32	2	38	5	32	1	31	4	33	9	33
16	5	39	9	37	6	39	10	36	1	32	6	34
17	4	40	9	36	3	31	7	33	2	31	3	31
18	3	37	8	32	4	40	6	34	9	36	4	31
19	10	36	7	39	1	39	5	31	9	35	11	50
20	9	33	6	40	2	38	8	32	18	44	12	49
21	8	34	5	37	5	37	7	49	17	46	19	48
22	7	41	4	38	6	46	16	50	16	43	20	47
23	16	42	3	45	13	45	15	45	15	44	15	46
24	15	49	12	46	14	44	14	46	14	41	16	45
25	14	50	11	43	11	43	13	43	13	42	13	44
26	13	47	20	44	12	42	12	44	12	49	14	43
27	12	48	19	41	19	49	11	41	11	50	11	42
28	11	45	18	42	20	48	20	42	20	47	12	41
29	20		17	49	17	47	19	49	19	48	29	60
30	19		16	50	18	46	18	50	28	55	30	59
31	18		15		15		17	57		56		58

1954年 昭和29年 Gold

日＼月	1	2	3	4	5	6	7	8	9	10	11	12
1	57	22	59	29	54	29	60	21	51	22	60	24
2	56	21	60	28	51	30	59	30	52	21	57	21
3	55	30	57	27	52	27	58	29	59	30	58	22
4	54	30	58	26	59	28	57	28	60	29	5	39
5	53	27	55	25	60	25	56	27	7	38	6	40
6	52	28	56	24	57	26	57	36	8	37	3	37
7	51	35	53	23	58	33	4	35	5	36	4	38
8	10	36	54	32	5	34	3	33	6	35	1	35
9	9	33	1	31	6	31	2	34	3	34	2	36
10	8	34	2	40	3	32	1	31	4	33	9	33
11	7	31	9	39	4	39	10	32	1	32	10	34
12	6	40	10	38	1	40	9	39	2	31	7	31
13	5	37	7	37	2	37	8	40	9	40	8	32
14	4	38	8	36	1	38	7	37	10	39	15	49
15	3	35	5	33	2	35	6	38	17	48	16	50
16	10	36	6	32	9	36	5	49	18	47	19	47
17	9	43	4	31	10	46	14	50	15	46	20	48
18	18	44	3	45	17	45	11	47	16	45	17	45
19	15	49	12	46	18	44	20	48	14	50	18	45
20	14	50	11	43	15	43	19	45	13	49	15	44
21	13	47	20	44	12	42	12	46	12	48	16	43
22	12	48	19	41	19	41	11	43	11	50	13	42
23	11	45	18	42	20	50	20	42	20	47	12	41
24	20	46	17	49	17	49	19	49	19	48	29	60
25	19	43	16	50	18	48	18	50	28	55	30	59
26	18	44	15	47	15	47	17	57	27	56	27	58
27	17	51	14	48	16	54	26	58	26	53	28	57
28	26	52	13	55	23	53	25	55	25	54	25	56
29	25		22	56	24	52	24	56	24	51	26	55
30	24		21	53	21	51	23	53	23	52	23	54
31	23		30		22		22	54		59		53

1955年 昭和30年 Silver

日＼月	1	2	3	4	5	6	7	8	9	10	11	12
1	52	27	56	24	57	26	55	36	8	37	3	37
2	51	36	53	23	58	33	4	35	5	36	4	38
3	10	35	54	32	5	34	3	34	6	35	1	35
4	9	33	1	31	6	31	2	33	3	34	2	36
5	8	34	2	40	3	32	1	32	4	33	9	33
6	7	31	9	39	4	39	10	31	1	32	10	34
7	6	32	10	38	1	40	9	40	2	31	7	31
8	5	39	7	37	2	37	8	40	9	40	8	32
9	4	40	8	36	9	38	7	37	10	39	15	49
10	3	37	5	35	10	35	6	38	17	48	16	50
11	2	38	6	34	7	36	5	45	18	47	13	47
12	1	43	3	33	8	43	14	46	15	46	14	48
13	20	44	4	42	15	44	13	43	16	45	11	45
14	19	41	11	41	18	41	12	44	13	44	12	46
15	18	42	12	48	15	42	11	41	14	43	19	43
16	15	49	19	47	16	49	20	46	11	42	16	44
17	14	50	19	46	13	41	19	43	12	41	13	41
18	13	47	18	42	14	50	16	44	19	50	14	42
19	20	46	17	49	11	49	15	41	19	45	21	60
20	19	43	16	50	12	48	14	42	28	54	22	59
21	18	44	15	47	15	47	17	59	27	53	29	58
22	17	51	14	48	16	56	26	60	26	53	30	57
23	26	52	13	55	23	55	25	55	25	54	25	56
24	25	59	22	56	24	54	24	56	24	51	26	55
25	24	60	21	53	21	53	23	53	23	52	23	54
26	23	57	30	54	22	52	22	54	22	59	24	53
27	22	58	29	51	29	59	21	51	21	60	21	52
28	21	55	28	52	30	58	30	52	30	57	22	51
29	30		27	59	27	57	29	59	29	58	39	10
30	29		26	60	28	56	28	60	38	5	40	9
31	28		25		25		27	7		6		8

1956年 昭和31年 Gold 金

日＼月	1	2	3	4	5	6	7	8	9	10	11	12
1	7	32	10	38	1	40	9	40	2	31	7	31
2	6	31	7	37	2	37	8	39	9	40	8	32
3	5	40	8	36	9	38	7	38	10	39	15	49
4	4	39	5	35	10	35	6	37	17	48	16	50
5	3	37	6	34	7	36	5	46	18	47	13	47
6	2	38	3	33	8	43	14	45	15	46	14	48
7	1	45	4	42	15	44	13	43	16	45	11	45
8	20	46	11	41	16	41	12	44	13	44	12	46
9	19	43	12	50	13	42	11	41	14	43	19	43
10	18	44	19	49	14	49	20	42	11	42	20	44
11	17	41	20	48	11	50	19	49	12	41	17	41
12	16	42	17	47	12	47	18	50	19	50	18	42
13	15	47	18	46	11	48	17	47	20	49	25	59
14	14	48	15	45	12	45	16	48	27	58	26	60
15	13	45	16	42	19	46	15	59	28	57	29	57
16	20	46	14	41	20	53	24	60	25	56	30	58
17	19	53	13	60	27	55	21	57	26	55	27	55
18	28	54	22	56	28	54	30	58	23	60	28	55
19	25	51	21	53	25	53	29	55	23	59	25	54
20	24	60	30	54	22	52	22	56	22	58	26	53
21	23	57	29	51	29	51	21	53	21	60	23	52
22	22	58	28	52	30	60	30	52	30	57	22	51
23	21	55	27	59	27	59	30	59	29	58	39	10
24	30	56	26	60	28	58	28	60	38	5	40	9
25	29	53	25	57	25	57	27	7	37	6	37	8
26	28	54	24	58	26	6	36	8	36	3	38	7
27	27	1	23	5	33	3	35	5	35	4	35	6
28	36	2	32	6	34	2	34	6	34	1	36	5
29	35	9	31	3	31	1	33	3	33	2	33	4
30	34		40	4	32	10	32	4	32	9	34	3
31	33		39		39		31	1		10		2

1957年 昭和32年 Silver 銀

日＼月	1	2	3	4	5	6	7	8	9	10	11	12
1	1	46	3	33	8	43	14	45	15	46	14	48
2	20	45	4	42	15	44	13	44	16	45	11	45
3	19	44	11	41	16	41	12	43	13	44	12	46
4	18	44	12	50	13	42	11	42	14	43	19	43
5	17	41	19	49	14	49	20	41	11	42	20	44
6	16	42	20	48	11	50	19	50	12	41	17	41
7	15	49	17	47	12	47	18	49	19	50	18	42
8	14	50	18	46	19	48	17	47	20	49	25	59
9	13	47	15	45	20	45	16	48	27	58	26	60
10	12	48	16	44	17	46	15	55	28	57	23	57
11	11	55	13	43	18	53	24	56	25	56	24	58
12	30	54	14	52	25	54	23	53	26	55	21	55
13	29	51	21	51	26	51	22	54	23	54	22	56
14	28	52	22	60	25	52	21	51	24	53	29	53
15	25	59	29	57	26	59	30	52	21	52	30	54
16	24	60	30	56	23	60	29	53	22	51	23	51
17	23	57	28	55	24	60	26	54	29	60	24	52
18	30	58	27	59	21	59	25	51	30	55	31	10
19	29	53	26	60	22	58	24	52	38	4	32	9
20	28	54	25	57	29	57	27	9	37	3	39	8
21	27	1	24	58	26	6	36	10	36	3	40	7
22	36	2	23	5	33	5	35	7	35	4	37	6
23	35	9	32	6	34	4	34	6	34	1	36	5
24	34	10	31	3	31	3	33	3	33	2	33	4
25	33	7	40	4	32	2	32	4	32	9	34	3
26	32	8	39	1	39	1	31	1	31	10	31	2
27	31	5	38	2	40	8	40	2	40	7	32	1
28	40	6	37	9	37	7	39	9	39	8	49	20
29	39		36	10	38	6	38	10	48	15	50	19
30	38		35	7	35	5	37	17	47	16	47	18
31	37		34		36		46	18		13		17

1958年 — 昭和33年 Gold

日＼月	1	2	3	4	5	6	7	8	9	10	11	12
1	16	41	20	48	11	50	19	50	12	41	17	41
2	15	50	17	47	12	47	18	49	19	50	18	42
3	14	49	18	46	19	48	17	48	20	49	25	59
4	13	47	15	45	20	45	16	47	27	58	26	60
5	12	48	16	44	17	46	15	56	28	57	23	57
6	11	55	13	43	18	53	24	55	25	56	24	58
7	30	56	14	52	25	54	23	54	26	55	21	55
8	29	53	21	51	26	51	22	54	23	54	22	56
9	28	54	22	60	23	52	21	51	24	53	29	53
10	27	51	29	59	24	59	30	52	21	52	30	54
11	26	52	30	58	21	60	29	59	22	51	27	51
12	25	57	27	57	22	57	28	60	29	60	28	52
13	24	58	28	56	29	58	27	57	30	59	35	9
14	23	55	25	55	22	55	26	58	37	8	36	10
15	22	56	26	52	29	56	25	5	38	7	33	7
16	29	3	23	51	30	3	34	10	35	6	40	8
17	38	4	23	10	37	5	33	7	36	5	37	5
18	37	1	32	6	38	4	40	8	33	4	38	5
19	34	10	31	3	35	3	39	5	33	9	35	4
20	33	7	40	4	36	2	38	6	32	8	36	3
21	32	8	39	1	39	1	31	3	31	7	33	2
22	31	5	38	2	40	10	40	4	40	7	34	1
23	40	6	37	9	37	9	39	9	39	8	49	20
24	39	3	36	10	38	8	38	10	48	15	50	19
25	38	4	35	7	35	7	37	17	47	16	47	18
26	37	11	34	8	36	16	46	18	46	13	48	17
27	46	12	33	15	43	13	45	15	45	14	45	16
28	45	19	42	16	44	12	44	16	44	11	46	15
29	44		41	13	41	11	43	13	43	12	43	14
30	43		50	14	42	20	42	14	42	19	44	13
31	42		49		49		41	11		20		12

1959年 — 昭和34年 Silver

日＼月	1	2	3	4	5	6	7	8	9	10	11	12
1	11	56	13	43	18	53	24	55	25	56	24	58
2	30	55	14	52	25	54	23	54	26	55	21	55
3	29	54	21	51	26	51	22	53	23	54	22	56
4	28	54	22	60	23	52	21	52	24	53	29	53
5	27	51	29	59	24	59	30	51	21	52	30	54
6	26	52	30	58	21	60	29	60	22	51	27	51
7	25	59	27	57	22	57	28	59	29	60	28	52
8	24	60	28	56	29	58	27	57	30	59	35	9
9	23	57	25	55	30	55	26	58	37	8	36	10
10	22	58	26	54	27	56	25	5	38	7	33	7
11	21	5	23	53	28	3	34	6	35	6	34	8
12	40	4	24	2	35	4	33	3	36	5	31	5
13	39	1	31	1	36	1	32	4	33	4	32	6
14	38	2	32	10	35	2	31	1	34	3	39	3
15	37	9	39	7	36	9	40	2	31	2	40	4
16	34	10	40	6	33	10	39	3	32	1	33	1
17	33	7	38	5	34	10	38	4	39	10	34	2
18	32	8	37	9	31	9	35	1	40	9	41	19
19	39	3	36	10	32	8	34	2	48	14	42	19
20	38	4	35	7	39	7	33	19	47	13	49	18
21	37	11	34	8	36	16	46	20	46	12	50	17
22	46	12	33	15	43	15	45	17	45	14	47	16
23	45	19	42	16	44	14	44	16	44	11	46	15
24	44	20	41	13	41	13	43	13	43	12	43	14
25	43	17	50	14	42	12	42	14	42	19	44	13
26	42	18	49	11	49	11	41	11	41	20	41	12
27	41	15	48	12	50	18	50	12	50	17	42	11
28	50	16	47	19	47	17	49	19	49	18	59	30
29	49		46	20	48	16	48	20	58	25	60	29
30	48		45	17	45	15	47	27	57	26	57	28
31	47		44		46		56	28		23		27

1960年

昭和35年

Gold

日＼月	1	2	3	4	5	6	7	8	9	10	11	12
1	26	51	27	57	22	57	28	59	29	60	28	52
2	25	60	28	56	29	58	27	58	30	59	35	9
3	24	59	25	55	30	55	26	57	37	8	36	10
4	23	58	26	54	27	56	25	6	38	7	33	7
5	22	58	23	53	28	3	34	5	35	6	34	8
6	21	5	24	2	35	4	33	4	36	5	31	5
7	40	6	31	1	36	1	32	4	33	4	32	6
8	39	3	32	10	33	2	31	1	34	3	39	3
9	38	4	39	9	34	9	40	2	31	2	40	4
10	37	1	40	8	31	10	39	9	32	1	37	1
11	36	2	37	7	32	7	38	10	39	10	38	2
12	35	9	38	6	39	8	37	7	40	9	45	19
13	34	8	35	5	32	5	36	8	47	18	46	20
14	33	5	36	4	39	6	35	15	48	17	43	17
15	32	6	33	1	40	13	44	20	45	16	50	18
16	39	13	33	20	47	14	43	17	46	15	47	15
17	48	14	42	19	48	14	50	18	43	14	48	16
18	47	11	41	13	45	13	49	15	44	19	45	14
19	44	12	50	14	46	12	48	16	42	18	46	13
20	43	17	49	11	49	11	41	13	41	17	43	12
21	42	18	48	12	50	20	50	14	50	17	44	11
22	41	15	47	19	47	19	49	19	49	18	59	30
23	50	16	46	20	48	18	48	20	58	25	60	29
24	49	13	45	17	45	17	47	27	57	26	57	28
25	48	14	44	18	46	26	56	28	56	23	58	27
26	47	21	43	25	53	25	55	25	55	24	55	26
27	56	22	52	26	54	22	54	26	54	21	56	25
28	55	29	51	23	51	21	53	23	53	22	53	24
29	54	30	60	24	52	30	52	24	52	29	54	23
30	53		59	21	59	29	51	21	51	30	51	22
31	52		58		60		60	22		27		21

金

1961年

昭和36年

Silver

日＼月	1	2	3	4	5	6	7	8	9	10	11	12
1	40	5	24	2	35	4	33	4	36	5	31	5
2	39	4	31	1	36	1	32	3	33	4	32	6
3	38	3	32	10	33	2	31	2	34	3	39	3
4	37	1	39	9	34	9	40	1	31	2	40	4
5	36	2	34	8	31	10	39	10	32	1	37	1
6	35	9	37	7	32	7	38	9	39	10	38	2
7	34	10	38	6	39	8	37	8	40	9	45	19
8	33	7	35	5	40	5	36	8	47	18	46	20
9	32	8	36	4	37	6	35	15	48	17	43	17
10	31	15	33	3	38	13	44	16	45	16	44	18
11	50	16	34	12	45	14	43	13	46	15	41	15
12	49	11	41	11	46	11	42	14	43	14	42	16
13	48	12	42	20	43	12	41	11	44	13	49	13
14	47	19	49	19	46	19	50	12	41	12	50	14
15	44	20	50	16	43	20	49	19	42	11	47	11
16	43	17	47	15	44	17	48	14	49	20	44	12
17	42	18	47	14	41	19	45	11	50	19	51	29
18	49	15	46	20	42	18	44	12	57	24	52	29
19	48	14	45	17	49	17	43	29	57	23	59	28
20	47	21	44	18	50	26	56	30	56	22	60	27
21	56	22	43	25	53	25	55	27	55	24	57	26
22	55	29	52	26	54	24	54	28	54	21	58	25
23	54	30	51	23	51	23	53	23	53	22	53	24
24	53	27	60	24	52	22	52	24	52	29	54	23
25	52	28	59	21	59	21	51	21	51	30	51	22
26	51	25	58	22	60	30	60	22	60	27	52	21
27	60	26	57	29	57	27	59	29	59	28	9	40
28	59	23	56	30	58	26	58	30	8	35	10	39
29	58		55	27	55	25	57	37	7	36	7	38
30	57		54	28	56	34	6	38	6	33	8	37
31	6		53		3		5	35		34		36

銀

1962年 昭和37年 Gold

日＼月	1	2	3	4	5	6	7	8	9	10	11	12
1	35	10	37	7	32	7	38	9	39	10	38	2
2	34	9	38	6	39	8	37	8	40	9	45	19
3	33	8	35	5	40	5	36	7	47	18	46	20
4	32	8	36	4	37	6	35	16	48	17	43	17
5	31	15	33	3	38	13	44	15	45	16	44	18
6	50	16	34	12	45	14	43	14	46	15	41	15
7	49	13	41	11	46	11	42	13	43	14	42	16
8	48	14	42	20	43	12	41	11	44	13	49	13
9	47	11	49	19	44	19	50	12	41	12	50	14
10	46	12	50	18	41	20	49	19	42	11	47	11
11	45	19	47	17	42	17	48	20	49	20	48	12
12	44	18	48	16	49	18	47	17	50	19	55	29
13	43	15	45	15	50	15	46	18	57	28	56	30
14	42	16	46	14	49	16	45	25	58	27	53	27
15	41	23	43	11	50	23	54	26	55	26	54	28
16	58	24	44	30	57	24	53	27	56	25	57	25
17	57	21	52	29	58	24	60	28	53	24	58	26
18	56	22	51	23	55	23	59	25	54	23	55	24
19	53	27	60	24	56	22	58	26	52	28	56	23
20	52	28	59	21	53	21	51	23	51	27	53	22
21	51	25	58	22	60	30	60	24	60	26	54	21
22	60	26	57	29	57	29	59	21	59	28	1	40
23	59	23	56	30	58	28	58	30	8	35	10	39
24	58	24	55	27	55	27	57	37	7	36	7	38
25	57	31	54	28	56	36	6	38	6	33	8	37
26	6	32	53	35	3	35	5	35	5	34	5	36
27	5	39	2	36	4	32	4	36	4	31	6	35
28	4	40	1	33	1	31	3	33	3	32	3	34
29	3		10	34	2	40	2	34	2	39	4	33
30	2		9	31	9	39	1	31	1	40	1	32
31	1		8		10		10	32		37		31

1963年 昭和38年 Silver

日＼月	1	2	3	4	5	6	7	8	9	10	11	12
1	50	15	34	12	45	14	43	14	46	15	41	15
2	49	14	41	11	46	11	42	13	43	14	42	16
3	48	13	42	20	43	12	41	12	44	13	49	13
4	47	11	49	19	44	19	50	11	41	12	50	14
5	46	12	50	18	41	20	49	20	42	11	47	11
6	45	19	47	17	42	17	48	19	49	20	48	12
7	44	20	48	16	49	18	47	18	50	19	55	29
8	43	17	45	15	50	15	46	18	57	28	56	30
9	42	18	46	14	47	16	45	25	58	27	53	27
10	41	25	43	13	48	23	54	26	55	26	54	28
11	60	26	44	22	55	24	53	23	56	25	51	25
12	59	21	51	21	56	21	52	24	53	24	52	26
13	58	22	52	30	53	22	51	21	54	23	59	23
14	57	29	59	29	56	29	60	22	51	22	60	24
15	56	30	60	26	53	30	59	29	52	21	57	21
16	53	27	57	25	54	27	58	24	59	30	54	22
17	52	28	57	24	51	29	57	21	60	29	1	39
18	51	25	56	30	52	28	54	22	7	38	2	40
19	58	24	55	27	59	27	53	39	7	33	9	38
20	57	31	54	28	60	36	2	40	6	32	10	37
21	6	32	53	35	3	35	5	37	5	31	7	36
22	5	39	2	36	4	34	4	38	4	31	8	35
23	4	40	1	33	1	33	3	33	3	32	3	34
24	3	37	10	34	2	32	2	34	2	39	4	33
25	2	38	9	31	9	31	1	31	1	40	1	32
26	1	35	8	32	10	40	10	32	10	37	2	31
27	10	36	7	39	7	37	9	39	9	38	19	50
28	9	33	6	40	8	36	8	40	18	45	20	49
29	8		5	37	5	35	7	47	17	46	17	48
30	7		4	38	6	44	16	48	16	43	18	47
31	16		3		13		15	45		44		46

1964年 ―昭和39年― Gold

日＼月	1	2	3	4	5	6	7	8	9	10	11	12
1	45	20	48	16	49	18	47	18	50	19	55	29
2	44	19	45	15	50	15	46	17	57	28	56	30
3	43	18	46	14	47	16	45	26	58	27	53	27
4	42	17	43	13	48	23	54	25	55	26	54	28
5	41	25	44	22	55	24	53	24	56	25	51	25
6	60	26	51	21	56	21	52	23	53	24	52	26
7	59	23	52	30	53	22	51	21	54	23	59	23
8	58	24	59	29	54	29	60	22	51	22	60	24
9	57	21	60	28	51	30	59	29	52	21	57	21
10	56	22	57	27	52	27	58	30	59	30	58	22
11	55	29	58	26	59	28	57	27	60	29	5	39
12	54	30	55	25	60	25	56	28	7	38	6	40
13	53	25	56	24	59	26	55	35	8	37	3	37
14	52	26	53	23	60	33	4	36	5	36	4	38
15	51	33	54	40	7	34	3	37	6	35	7	35
16	8	34	2	39	8	31	2	38	3	34	8	36
17	7	31	1	38	5	33	9	35	4	33	5	33
18	6	32	10	34	6	32	8	36	2	38	6	33
19	3	39	9	31	3	31	7	33	1	37	3	32
20	2	38	8	32	10	40	10	34	10	36	4	31
21	1	35	7	39	7	39	9	31	9	38	11	50
22	10	36	6	40	8	38	8	40	18	45	20	49
23	9	33	5	37	5	37	7	47	17	46	17	48
24	8	34	4	38	6	46	16	48	16	43	18	47
25	7	41	3	45	13	45	15	45	15	44	15	46
26	16	42	12	46	14	44	14	46	14	41	16	45
27	15	49	11	43	11	41	13	43	13	42	13	44
28	14	50	20	44	12	50	12	44	12	49	14	43
29	13	47	19	41	19	49	11	41	11	50	11	42
30	12		18	42	20	48	20	42	20	47	12	41
31	11		17		17		19	49		48		60

1965年 ―昭和40年― Silver

日＼月	1	2	3	4	5	6	7	8	9	10	11	12
1	59	24	51	21	56	21	52	23	53	24	52	26
2	58	23	52	30	53	22	51	22	54	23	59	23
3	57	22	59	29	54	29	60	21	51	22	60	24
4	56	22	60	28	51	30	59	30	52	21	57	21
5	55	29	57	27	52	27	58	29	59	30	58	22
6	54	30	58	26	59	28	57	28	60	29	5	39
7	53	27	55	25	60	25	56	27	7	38	6	40
8	52	28	56	24	57	26	55	35	8	37	3	37
9	51	35	53	23	58	33	4	36	5	36	4	38
10	10	36	54	32	5	34	3	33	6	35	1	35
11	9	33	1	31	6	31	2	34	3	34	2	36
12	8	32	2	40	3	32	1	31	4	33	9	33
13	7	39	9	39	4	39	10	32	1	32	10	34
14	6	40	10	38	3	40	9	39	2	31	7	31
15	3	37	7	35	4	37	8	40	9	40	4	32
16	2	38	8	34	1	38	7	31	10	39	11	49
17	1	35	6	33	2	38	4	32	17	48	12	50
18	8	36	5	37	9	37	3	49	18	43	19	48
19	7	41	4	38	10	46	12	50	16	42	20	47
20	16	42	3	45	17	45	15	47	15	41	17	46
21	15	49	12	46	14	44	14	48	14	41	18	45
22	14	50	11	43	11	43	13	45	13	42	15	44
23	13	47	20	44	12	42	12	44	12	49	14	43
24	12	48	19	41	19	41	11	41	11	50	11	42
25	11	45	18	42	20	50	20	42	20	47	12	41
26	20	46	17	49	17	49	19	49	19	48	29	60
27	19	43	16	50	18	46	18	50	28	55	30	59
28	18	44	15	47	15	45	17	57	27	56	27	58
29	17		14	48	16	54	26	58	26	53	28	57
30	26		13	55	23	53	25	55	25	54	25	56
31	25		22		24		24	56		51		55

1966年 昭和41年 Gold 金

日＼月	1	2	3	4	5	6	7	8	9	10	11	12
1	54	29	58	26	59	28	57	28	60	29	5	39
2	53	28	55	25	60	25	56	27	7	38	6	40
3	52	27	56	24	57	26	55	36	8	37	3	37
4	51	35	53	23	58	33	4	35	5	36	4	38
5	10	36	54	32	5	34	3	34	6	35	1	35
6	9	33	1	31	6	31	2	33	3	34	2	36
7	8	34	2	40	3	32	1	32	4	33	9	33
8	7	31	9	39	4	39	10	32	1	32	10	34
9	6	32	10	38	1	40	9	39	2	31	7	31
10	5	39	7	37	2	37	8	40	9	40	8	32
11	4	40	8	36	9	38	7	37	10	39	15	49
12	3	35	5	35	10	35	6	38	17	48	16	50
13	2	36	6	34	7	36	5	45	18	47	13	47
14	1	43	3	33	10	43	14	46	15	46	14	48
15	20	44	4	50	17	44	13	43	16	45	11	45
16	17	41	11	49	18	41	12	48	13	44	18	46
17	16	42	11	48	15	43	19	45	14	43	15	43
18	15	49	20	44	16	42	18	46	11	42	16	43
19	12	48	19	41	13	41	17	43	11	47	13	42
20	11	45	18	42	14	50	20	44	20	46	14	41
21	20	46	17	49	17	49	19	41	19	45	21	60
22	19	43	16	50	18	48	18	42	28	55	22	59
23	18	44	15	47	15	47	17	57	27	56	27	58
24	17	51	14	48	16	56	26	58	26	53	28	57
25	26	52	13	55	23	55	25	55	25	54	25	56
26	25	59	22	56	24	54	24	56	24	51	26	55
27	24	60	21	53	21	51	23	53	23	52	23	54
28	23	57	30	54	22	60	22	54	22	59	24	53
29	22		29	51	29	59	21	51	21	60	21	52
30	21		28	52	30	58	30	52	30	57	22	51
31	30		27		27		29	59		58		10

1967年 昭和42年 Silver 銀

日＼月	1	2	3	4	5	6	7	8	9	10	11	12
1	9	34	1	31	6	31	2	33	3	34	2	36
2	8	33	2	40	3	32	1	32	4	33	9	33
3	7	32	9	39	4	39	10	31	1	32	10	34
4	6	32	10	38	1	40	9	40	2	31	7	31
5	5	39	7	37	2	37	8	39	9	40	8	32
6	4	40	8	36	9	38	7	38	10	39	15	49
7	3	37	5	35	10	35	6	37	17	48	16	50
8	2	38	6	34	7	36	5	45	18	47	13	47
9	1	45	3	33	8	43	14	46	15	46	14	48
10	20	46	4	42	15	44	13	43	16	45	11	45
11	19	43	11	41	16	41	12	44	13	44	12	46
12	18	42	12	50	13	42	11	41	14	43	19	43
13	17	49	19	49	14	49	20	42	11	42	20	44
14	16	50	20	48	13	50	19	49	12	41	17	41
15	15	47	17	45	14	47	18	50	19	50	18	42
16	12	48	18	44	11	48	17	41	20	49	21	59
17	11	45	16	43	12	48	16	42	27	58	22	60
18	20	46	15	47	19	47	13	59	28	57	29	57
19	17	51	14	48	20	56	22	60	26	52	30	57
20	26	52	13	55	27	55	21	57	25	51	27	56
21	25	59	22	56	24	54	24	58	24	60	28	55
22	24	60	21	53	21	53	23	55	23	52	25	54
23	23	57	30	54	22	52	22	54	22	59	24	53
24	22	58	29	51	29	51	21	51	21	60	21	52
25	21	55	28	52	30	60	30	52	30	57	22	51
26	30	56	27	59	27	57	29	59	29	58	39	10
27	29	53	26	60	28	56	28	60	38	5	40	9
28	28	54	25	57	25	55	27	7	37	6	37	8
29	27		24	58	26	4	36	8	36	3	38	7
30	36		23	5	33	3	35	5	35	4	35	6
31	35		32		34		34	6		1		5

1968年 ― 昭和43年 ― Gold 金

日＼月	1	2	3	4	5	6	7	8	9	10	11	12
1	4	39	5	35	10	35	6	37	17	48	16	50
2	3	38	6	34	7	36	5	46	18	47	13	47
3	2	37	3	33	8	43	14	45	15	46	14	48
4	1	46	4	42	15	44	13	44	16	45	11	45
5	20	46	11	41	16	41	12	43	13	44	12	46
6	19	43	12	50	13	42	11	42	14	43	19	43
7	18	44	19	49	14	49	20	42	11	42	20	44
8	17	41	20	48	11	50	19	49	12	41	17	41
9	16	42	17	47	12	47	18	50	19	50	18	42
10	15	49	18	46	19	48	17	47	20	49	25	59
11	14	50	15	45	20	45	16	48	27	58	26	60
12	13	47	16	44	17	46	15	55	28	57	23	57
13	12	46	13	43	20	53	24	56	25	56	24	58
14	11	53	14	52	27	54	23	53	26	55	21	55
15	30	54	21	59	28	51	22	58	23	54	28	56
16	27	51	21	58	25	52	21	55	24	53	25	53
17	26	52	30	57	26	52	28	56	21	52	26	54
18	25	59	29	51	23	51	27	53	21	57	23	52
19	22	60	28	52	24	60	26	54	30	56	24	51
20	21	55	27	59	27	59	29	51	29	55	31	10
21	30	56	26	60	28	58	28	52	38	5	32	9
22	29	53	25	57	25	57	27	7	37	6	37	8
23	28	54	24	58	26	6	36	8	36	3	38	7
24	27	1	23	5	33	5	35	5	35	4	35	6
25	36	2	32	6	34	4	34	6	34	1	36	5
26	35	9	31	3	31	3	33	3	33	2	33	4
27	34	10	40	4	32	10	32	4	32	9	34	3
28	33	7	39	1	39	9	31	1	31	10	31	2
29	32	8	38	2	40	8	40	2	40	7	32	1
30	31		37	9	37	7	39	9	39	8	49	20
31	40		36		38		38	10		15		19

1969年 ― 昭和44年 ― Silver 銀

日＼月	1	2	3	4	5	6	7	8	9	10	11	12
1	18	43	12	50	13	42	11	42	14	43	19	43
2	17	42	19	49	14	49	20	41	11	42	20	44
3	16	41	20	48	11	50	19	50	12	41	17	41
4	15	49	17	47	12	47	18	49	19	50	18	42
5	14	50	18	46	19	48	17	48	20	49	25	59
6	13	47	15	45	20	45	16	47	27	58	26	60
7	12	48	16	44	17	46	15	56	28	57	23	57
8	11	55	13	43	18	53	24	56	25	56	24	58
9	30	56	14	52	25	54	23	53	26	55	21	55
10	29	53	21	51	26	51	22	54	23	54	22	56
11	28	54	22	60	23	52	21	51	24	53	29	53
12	27	59	29	59	24	59	30	52	21	52	30	54
13	26	60	30	58	21	60	29	59	22	51	27	51
14	25	57	27	57	24	57	28	60	29	60	28	52
15	22	58	28	54	21	58	27	57	30	59	31	9
16	21	55	25	53	22	55	26	52	37	8	32	10
17	30	56	25	52	29	57	23	9	38	7	39	7
18	27	3	24	58	30	6	32	10	35	2	40	7
19	36	2	23	5	37	5	31	7	35	1	37	6
20	35	9	32	6	38	4	34	8	34	10	38	5
21	34	10	31	3	31	3	33	5	33	2	35	4
22	33	7	40	4	32	2	32	6	32	9	34	3
23	32	8	39	1	39	1	31	1	31	10	31	2
24	31	5	38	2	40	10	40	2	40	7	32	1
25	40	6	37	9	37	9	39	9	39	8	49	20
26	39	3	36	10	38	8	38	10	48	15	50	19
27	38	4	35	7	35	5	37	17	47	16	47	18
28	37	11	34	8	36	14	46	18	46	13	48	17
29	46		33	15	43	13	45	15	45	14	45	16
30	45		42	16	44	12	44	16	44	11	46	15
31	44		41		41		43	13		12		14

1970年 昭和45年 Gold

日＼月	1	2	3	4	5	6	7	8	9	10	11	12
1	13	48	15	45	20	45	16	47	27	58	26	60
2	12	47	16	44	17	46	15	56	28	57	23	57
3	11	56	13	43	18	53	24	55	25	56	24	58
4	30	56	14	52	25	54	23	54	26	55	21	55
5	29	53	21	51	28	51	22	53	23	54	22	56
6	28	54	22	60	23	52	21	52	24	53	29	53
7	27	51	29	59	24	59	30	51	21	52	30	54
8	26	52	30	58	21	60	29	59	22	51	27	51
9	25	59	27	57	22	57	28	60	29	60	28	52
10	24	60	28	56	29	58	27	57	30	59	35	9
11	23	57	25	55	30	55	26	58	37	8	36	10
12	22	56	26	54	27	56	25	5	38	7	33	7
13	21	3	23	53	28	3	34	6	35	6	34	8
14	40	4	24	2	37	4	33	3	36	5	31	5
15	39	1	31	9	38	1	32	4	33	4	32	6
16	36	2	32	8	35	2	31	5	34	3	35	3
17	35	9	40	7	36	2	38	6	31	2	36	4
18	34	10	39	1	33	1	37	3	32	1	33	2
19	31	5	38	2	34	10	36	4	40	6	34	1
20	40	6	37	9	31	9	39	1	39	5	41	20
21	39	3	36	10	38	8	38	2	48	14	42	19
22	38	4	35	7	35	7	37	19	47	16	49	18
23	37	11	34	8	36	16	46	18	46	13	48	17
24	46	12	33	15	43	15	45	15	45	14	45	16
25	45	19	42	16	44	14	44	16	44	11	46	15
26	44	20	41	13	41	13	43	13	43	12	43	14
27	43	17	50	14	42	20	42	14	42	19	44	13
28	42	18	49	11	49	19	41	11	41	20	41	12
29	41		48	12	50	18	50	12	50	17	42	11
30	50		47	19	47	17	49	19	49	18	59	30
31	49		46		48		48	20		25		29

1971年 昭和46年 Silver

日＼月	1	2	3	4	5	6	7	8	9	10	11	12
1	28	53	22	60	23	52	21	52	24	53	29	53
2	27	52	29	59	24	59	30	51	21	52	30	54
3	26	51	30	58	21	60	29	60	22	51	27	51
4	25	59	27	57	22	57	28	59	29	60	28	52
5	24	60	28	56	29	58	27	58	30	59	35	9
6	23	57	25	55	30	55	26	57	37	8	36	10
7	22	58	26	54	27	56	25	6	38	7	33	7
8	21	5	23	53	28	3	34	6	35	6	34	8
9	40	6	24	2	35	4	33	3	36	5	31	5
10	39	3	31	1	36	1	32	4	33	4	32	6
11	38	4	32	10	33	2	31	1	34	3	39	3
12	37	9	39	9	34	9	40	2	31	2	40	4
13	36	10	40	8	31	10	39	9	32	1	37	1
14	35	7	37	7	34	7	38	10	39	10	38	2
15	34	8	38	4	31	8	37	7	40	9	45	19
16	31	5	35	3	32	5	36	2	47	18	42	20
17	40	6	35	2	39	7	35	19	48	17	49	17
18	39	13	34	8	40	16	42	20	45	16	50	18
19	46	12	33	15	47	15	41	17	45	11	47	16
20	45	19	42	16	48	14	50	18	44	20	48	15
21	44	20	41	13	41	13	43	15	43	19	45	14
22	43	17	50	14	42	12	42	16	42	19	46	13
23	42	18	49	11	49	11	41	11	41	20	41	12
24	41	15	48	12	50	20	50	12	50	17	42	11
25	50	16	47	19	47	19	49	19	49	18	59	30
26	49	13	46	20	48	18	48	20	58	25	60	29
27	48	14	45	17	45	15	47	27	57	26	57	28
28	47	21	44	18	46	24	56	28	56	20	58	27
29	56		43	25	53	23	55	25	55	24	55	26
30	55		52	26	54	22	54	26	54	21	56	25
31	54		51		51		53	23		22		24

1972年 ― 昭和47年 Gold

日＼月	1	2	3	4	5	6	7	8	9	10	11	12
1	23	58	26	54	27	56	25	6	38	7	33	7
2	22	57	23	53	28	3	34	5	35	6	34	8
3	21	6	24	2	35	4	33	4	36	5	31	5
4	40	5	31	1	36	1	32	3	33	4	32	6
5	39	3	32	10	33	2	31	2	34	3	39	3
6	38	4	39	9	34	9	40	1	31	2	33	4
7	37	1	40	8	31	10	39	9	32	1	37	1
8	36	2	37	7	32	7	38	10	39	10	38	2
9	35	9	38	6	39	8	37	7	40	9	45	19
10	34	10	35	5	40	5	36	8	47	18	46	20
11	33	7	36	4	37	6	35	15	48	17	43	17
12	32	8	33	3	38	13	44	16	45	16	44	18
13	31	13	34	12	47	14	43	13	46	15	41	15
14	50	14	41	11	48	11	42	14	43	14	42	16
15	49	11	42	18	45	12	41	15	44	13	45	13
16	46	12	50	17	46	12	50	16	41	12	46	14
17	45	19	49	16	43	11	47	13	42	11	43	11
18	44	20	48	12	44	20	46	14	50	16	44	11
19	41	17	47	19	41	19	45	11	49	15	51	30
20	50	16	46	20	48	18	48	12	58	24	52	29
21	49	13	45	17	45	17	47	29	57	26	59	28
22	48	14	44	18	46	26	56	28	56	23	58	27
23	47	21	43	25	53	25	55	25	55	24	55	26
24	56	22	52	26	54	24	54	26	54	21	56	25
25	55	29	51	23	51	23	53	23	53	22	53	24
26	54	30	60	24	52	30	52	24	52	29	54	23
27	53	27	59	21	59	29	51	21	51	30	51	22
28	52	28	58	22	60	28	60	22	60	27	52	21
29	51	25	57	29	57	27	59	29	59	28	9	40
30	60		56	30	58	26	58	30	8	35	10	39
31	59		55		55		57	37		36		38

1973年 ― 昭和48年 Silver

日＼月	1	2	3	4	5	6	7	8	9	10	11	12
1	37	2	39	9	34	9	40	1	31	2	40	4
2	36	1	40	8	31	10	39	10	32	1	37	1
3	35	10	37	7	32	7	38	9	39	10	38	2
4	34	10	38	6	39	8	37	8	40	9	45	19
5	33	7	35	5	40	5	36	7	47	18	46	20
6	32	8	36	4	37	6	35	16	48	17	43	17
7	31	15	33	3	38	13	44	15	45	16	44	18
8	50	16	34	12	45	14	43	13	46	15	41	15
9	49	13	41	11	46	11	42	14	43	14	42	16
10	48	14	42	20	43	12	41	11	44	13	49	13
11	47	11	49	19	44	19	50	12	41	12	50	14
12	46	20	50	18	41	20	49	19	42	11	47	11
13	45	17	47	17	42	17	48	20	49	20	48	12
14	44	18	48	16	41	18	47	17	50	19	55	29
15	41	15	45	13	42	15	46	18	57	28	52	30
16	50	16	46	12	49	16	45	29	58	27	59	27
17	49	23	44	11	50	26	52	30	55	26	60	28
18	56	24	43	25	57	25	51	27	56	21	57	26
19	55	29	52	26	58	24	60	28	54	30	58	25
20	54	30	51	23	55	23	53	25	53	29	55	24
21	53	27	60	24	52	22	52	26	52	29	56	23
22	52	28	59	21	59	21	51	23	51	30	51	22
23	51	25	58	22	60	30	60	22	60	27	52	21
24	60	26	57	29	57	29	59	29	59	28	9	40
25	59	23	56	30	58	28	58	30	8	35	10	39
26	58	24	55	27	55	25	57	37	7	36	7	38
27	57	31	54	28	56	34	6	38	6	33	8	37
28	6	32	53	35	3	33	5	35	5	34	5	36
29	5		2	36	4	32	4	36	4	31	6	35
30	4		1	33	1	31	3	33	3	32	3	34
31	3		10		2		2	34		39		33

1974年 昭和49年 Gold

日＼月	1	2	3	4	5	6	7	8	9	10	11	12
1	32	7	36	4	37	6	35	16	48	17	43	17
2	31	16	33	3	38	13	44	15	45	16	44	18
3	50	15	34	12	45	14	43	14	46	15	41	15
4	49	13	41	11	46	11	42	13	43	14	42	16
5	48	14	42	20	43	12	41	12	44	13	49	13
6	47	11	49	19	44	19	50	11	41	12	50	14
7	46	12	50	18	41	20	49	20	42	11	47	11
8	45	19	47	17	42	17	48	20	49	20	48	12
9	44	20	48	16	49	18	47	17	50	19	55	29
10	43	17	45	15	50	15	46	18	57	28	56	30
11	42	18	46	14	47	16	45	25	58	27	53	27
12	41	23	43	13	48	23	54	26	55	26	54	28
13	60	24	44	22	55	24	53	23	56	25	51	25
14	59	21	51	21	58	21	52	24	53	24	52	26
15	58	22	52	28	55	22	51	21	54	23	59	23
16	55	29	59	27	56	29	60	26	51	22	56	24
17	54	30	59	26	53	21	57	23	52	21	53	21
18	53	27	58	22	54	30	56	24	59	30	54	21
19	60	26	57	29	51	29	55	21	59	25	1	40
20	59	23	56	30	52	28	58	22	8	34	2	39
21	58	24	55	27	55	27	57	39	7	33	9	38
22	57	31	54	28	56	36	6	40	6	33	10	37
23	6	32	53	35	3	35	5	35	5	34	5	36
24	5	39	2	36	4	34	4	36	4	31	6	35
25	4	40	1	33	1	33	3	33	3	32	3	34
26	3	37	10	34	2	32	2	34	2	39	4	33
27	2	38	9	31	9	39	1	31	1	40	1	32
28	1	35	8	32	10	38	10	32	10	37	2	31
29	10		7	39	7	37	9	39	9	38	19	50
30	9		6	40	8	36	8	40	18	45	20	49
31	8		5		5		7	47		46		48

1975年 昭和50年 Silver

日＼月	1	2	3	4	5	6	7	8	9	10	11	12
1	47	12	49	19	44	19	50	11	41	12	50	14
2	46	11	50	18	41	20	49	20	42	11	47	11
3	45	20	47	17	42	17	48	19	49	20	48	12
4	44	20	48	16	49	18	47	18	50	19	55	29
5	43	17	45	15	50	15	46	17	57	28	56	30
6	42	18	46	14	47	16	45	26	58	27	53	27
7	41	25	43	13	48	23	54	25	55	26	54	28
8	60	26	44	22	55	24	53	23	56	25	51	25
9	59	23	51	21	56	21	52	24	53	24	52	26
10	58	24	52	30	53	22	51	21	54	23	59	23
11	57	21	59	29	54	29	60	22	51	22	60	24
12	56	30	60	28	51	30	59	29	52	21	57	21
13	55	27	57	27	52	27	58	30	59	30	58	22
14	54	28	58	26	51	28	57	27	60	29	5	39
15	53	25	55	23	52	25	56	28	7	38	6	40
16	60	26	56	22	59	26	55	39	8	37	9	37
17	59	33	54	21	60	36	4	40	5	36	10	38
18	8	34	53	35	7	35	1	37	6	35	7	35
19	5	39	2	36	8	34	10	38	4	40	8	35
20	4	40	1	33	5	33	9	35	3	39	5	34
21	3	37	10	34	2	32	2	36	2	38	6	33
22	2	38	9	31	9	31	1	33	1	40	3	32
23	1	35	8	32	10	40	10	32	10	37	2	31
24	10	36	7	39	7	39	9	39	9	38	19	50
25	9	33	6	40	8	38	8	40	18	45	20	49
26	8	34	5	37	5	37	7	47	17	46	17	48
27	7	41	4	38	6	44	16	48	16	43	18	47
28	16	42	3	45	13	43	15	45	15	44	15	46
29	15		12	46	14	42	14	46	14	41	16	45
30	14		11	43	11	41	13	43	13	42	13	44
31	13		20		12		12	44		49		43

1976年 昭和51年 Gold

日＼月	1	2	3	4	5	6	7	8	9	10	11	12
1	42	17	43	13	48	23	54	25	55	26	54	28
2	41	26	44	22	55	24	53	24	56	25	51	25
3	60	25	51	21	56	21	52	23	53	24	52	26
4	59	24	52	30	53	22	51	22	54	23	59	23
5	58	24	59	29	54	29	60	21	51	22	60	24
6	57	21	60	28	51	30	59	30	52	21	57	21
7	56	22	57	27	52	27	58	30	59	30	58	22
8	55	29	58	26	59	28	57	27	60	29	5	39
9	54	30	55	25	60	25	56	28	7	38	6	40
10	53	27	56	24	57	26	55	35	8	37	3	37
11	52	28	53	23	58	33	4	36	5	36	4	38
12	51	35	54	32	5	34	3	33	6	35	1	35
13	10	34	1	31	8	31	2	34	3	34	2	36
14	9	31	2	40	5	32	1	31	4	33	9	33
15	8	32	9	37	6	39	10	36	1	32	6	34
16	5	39	9	36	3	31	9	33	2	31	3	31
17	4	40	8	35	4	40	6	34	9	40	4	32
18	3	37	7	39	1	39	5	31	9	35	11	50
19	10	38	6	40	2	38	4	32	18	44	12	49
20	9	33	5	37	5	37	7	49	17	43	19	48
21	8	34	4	38	6	46	16	50	16	43	20	47
22	7	41	3	45	13	45	15	45	15	44	15	46
23	16	42	12	46	14	44	14	46	14	41	16	45
24	15	49	11	43	11	43	13	43	13	42	13	44
25	14	50	20	44	12	42	12	44	12	49	14	43
26	13	47	19	41	19	49	11	41	11	50	11	42
27	12	48	18	42	20	48	20	42	20	47	12	41
28	11	45	17	49	17	47	19	49	19	48	29	60
29	20	46	16	50	18	46	18	50	28	55	30	59
30	19		15	47	15	45	17	57	27	56	27	58
31	18		14		16		26	58		53		57

1977年 昭和52年 Silver

日＼月	1	2	3	4	5	6	7	8	9	10	11	12
1	56	21	60	28	51	30	59	30	52	21	57	21
2	55	30	57	27	52	27	58	29	59	30	58	22
3	54	29	58	26	59	28	57	28	60	29	5	39
4	53	27	55	25	60	25	56	27	7	38	6	40
5	52	28	56	24	57	26	55	36	8	37	3	37
6	51	35	53	23	58	33	4	35	5	36	4	38
7	10	36	54	32	5	34	3	34	6	35	1	35
8	9	33	1	31	6	31	2	34	3	34	2	36
9	8	34	2	40	3	32	1	31	4	33	9	33
10	7	31	9	39	4	39	10	32	1	32	10	34
11	6	32	10	38	1	40	9	39	2	31	7	31
12	5	37	7	37	2	37	8	40	9	40	8	32
13	4	38	8	36	9	38	7	37	10	39	15	49
14	3	35	5	35	2	35	6	38	17	48	16	50
15	10	36	6	32	9	36	5	45	18	47	19	47
16	9	43	3	31	10	43	14	50	15	46	20	48
17	18	44	3	50	17	45	11	47	16	45	17	45
18	15	41	12	46	18	44	20	48	13	50	18	45
19	14	50	11	43	15	43	19	45	13	49	15	44
20	13	47	20	44	16	42	12	46	12	48	16	43
21	12	48	19	41	19	41	11	43	11	50	13	42
22	11	45	18	42	20	50	20	44	20	47	12	41
23	20	46	17	49	17	49	19	49	19	48	29	60
24	19	43	16	50	18	48	18	50	28	55	30	59
25	18	44	15	47	15	47	17	57	27	56	27	58
26	17	51	14	48	16	56	26	58	26	53	28	57
27	26	52	13	55	23	53	25	55	25	54	25	56
28	25	59	22	56	24	52	24	56	24	51	26	55
29	24		21	53	21	51	23	53	23	52	23	54
30	23		30	54	22	60	22	54	22	59	24	53
31	22		29		29		21	51		60		52

1978年 —昭和53年— Gold 金

日＼月	1	2	3	4	5	6	7	8	9	10	11	12
1	51	36	53	23	58	33	4	35	5	36	4	38
2	10	35	54	32	5	34	3	34	6	35	1	35
3	9	34	1	31	6	31	2	33	3	34	2	36
4	8	34	2	40	3	32	1	32	4	33	9	33
5	7	31	9	39	4	39	10	31	1	32	10	34
6	6	32	10	38	1	40	9	40	2	31	7	31
7	5	39	7	37	2	37	8	39	9	40	8	32
8	4	40	8	36	9	38	7	37	10	39	15	49
9	3	37	5	35	10	35	6	38	17	48	16	50
10	2	38	6	34	7	36	5	45	18	47	13	47
11	1	45	3	33	8	43	14	46	15	46	14	48
12	20	44	4	42	15	44	13	43	16	45	11	45
13	19	41	11	41	16	41	12	44	13	44	12	46
14	18	42	12	50	15	42	11	41	14	43	19	43
15	17	49	19	47	16	49	20	42	11	42	20	44
16	14	50	20	46	13	50	19	43	12	41	13	41
17	13	47	18	45	14	50	16	44	19	50	14	42
18	12	48	17	49	11	49	15	41	20	49	21	60
19	19	43	16	50	12	48	14	42	28	54	22	59
20	18	44	15	47	19	47	17	59	27	53	29	58
21	17	51	14	48	16	56	26	60	26	52	30	57
22	26	52	13	55	23	55	25	57	25	54	27	56
23	25	59	22	56	24	54	24	56	24	51	26	55
24	24	60	21	53	21	53	23	53	23	52	23	54
25	23	57	30	54	22	52	22	54	22	59	24	53
26	22	58	29	51	29	51	21	51	21	60	21	52
27	21	55	28	52	30	58	30	52	30	57	22	51
28	30	56	27	59	27	57	29	59	29	58	39	10
29	29		26	60	28	56	28	60	38	5	40	9
30	28		25	57	25	55	27	7	37	6	37	8
31	27		24		26		36	8		3		7

1979年 —昭和54年— Silver 銀

日＼月	1	2	3	4	5	6	7	8	9	10	11	12
1	6	31	10	38	1	40	9	40	2	31	7	31
2	5	40	7	37	2	37	8	39	9	40	8	32
3	4	39	8	36	9	38	7	38	10	39	15	49
4	3	37	5	35	10	35	6	37	17	48	16	50
5	2	38	6	34	7	36	5	46	18	47	13	47
6	1	45	3	33	8	43	14	45	15	46	14	48
7	20	46	4	42	15	44	13	44	16	45	11	45
8	19	43	11	41	16	41	12	44	13	44	12	46
9	18	44	12	50	13	42	11	41	14	43	19	43
10	17	41	19	49	14	49	20	42	11	42	20	44
11	16	42	20	48	11	50	19	49	12	41	17	41
12	15	47	17	47	12	47	18	50	19	50	18	42
13	14	48	18	46	19	48	17	47	20	49	25	59
14	13	45	15	45	12	45	16	48	27	58	26	60
15	12	46	16	42	19	46	15	55	28	57	23	57
16	19	53	13	41	20	53	24	60	25	56	30	58
17	28	54	13	60	27	55	23	57	26	55	27	55
18	27	51	22	56	28	54	30	58	23	54	28	56
19	24	60	21	53	25	53	29	55	23	59	25	54
20	23	57	30	54	26	52	28	56	22	58	26	53
21	22	58	29	51	29	51	21	53	21	57	23	52
22	21	55	28	52	30	60	30	54	30	57	24	51
23	30	56	27	59	27	59	29	59	29	58	39	10
24	29	53	26	60	28	58	28	60	38	5	40	9
25	28	54	25	57	25	57	27	7	37	6	37	8
26	27	1	24	58	26	6	36	8	36	3	38	7
27	36	2	23	5	33	3	35	5	35	4	35	6
28	35	9	32	6	34	2	34	6	34	1	36	5
29	34		31	3	31	1	33	3	33	2	33	4
30	33		40	4	32	10	32	4	32	9	34	3
31	32		39		39		31	1		10		2

1980年 —昭和55年— Gold

日＼月	1	2	3	4	5	6	7	8	9	10	11	12
1	1	46	4	42	15	44	13	44	16	45	11	45
2	20	45	11	41	16	41	12	43	13	44	12	46
3	19	44	12	50	13	42	11	42	14	43	19	43
4	18	43	19	49	14	49	20	41	11	42	20	44
5	17	41	20	48	11	50	19	50	12	41	17	41
6	16	42	17	47	12	47	17	49	19	50	18	42
7	15	49	18	46	19	48	17	47	20	49	25	59
8	14	50	15	45	20	45	16	48	27	58	26	60
9	13	47	16	44	17	46	15	55	28	57	23	57
10	12	48	13	43	18	53	24	56	25	56	24	58
11	11	55	14	52	25	54	23	53	26	55	21	55
12	30	56	21	51	26	51	22	54	23	54	22	56
13	29	51	22	60	25	52	21	51	24	53	29	53
14	28	52	29	57	26	59	30	52	21	52	30	54
15	27	59	30	56	23	60	29	53	22	51	23	51
16	24	60	28	55	24	60	28	54	29	60	24	52
17	23	57	27	59	21	59	25	51	30	59	31	9
18	22	58	26	60	22	58	24	52	38	4	32	9
19	29	55	25	57	29	57	23	9	37	3	39	8
20	28	54	24	58	26	6	36	10	36	2	40	7
21	27	1	23	5	33	5	35	7	35	4	37	6
22	36	2	32	6	34	4	34	6	34	1	36	5
23	35	9	31	3	31	3	33	3	33	2	33	4
24	34	10	40	4	32	2	32	4	32	9	34	3
25	33	7	39	1	39	1	31	1	31	10	31	2
26	32	8	38	2	40	8	40	2	40	7	32	1
27	31	5	37	9	37	7	39	9	39	8	49	20
28	40	6	36	10	38	6	38	10	48	15	50	19
29	39	3	35	7	35	5	37	17	47	16	47	18
30	38		34	8	36	14	46	18	46	13	48	17
31	37		33		43		45	15		14		16

1981年 —昭和56年— Silver

日＼月	1	2	3	4	5	6	7	8	9	10	11	12
1	15	50	17	47	12	47	18	49	19	50	18	42
2	14	49	18	46	19	48	17	48	20	49	25	59
3	13	48	15	45	20	45	16	47	27	58	26	60
4	12	48	16	44	17	46	15	56	28	57	23	57
5	11	55	17	43	18	53	24	55	25	56	24	58
6	30	56	14	52	25	54	23	54	26	55	21	55
7	29	53	21	51	26	51	22	54	23	54	22	56
8	28	54	22	60	23	52	21	51	24	53	29	53
9	27	51	29	59	24	59	30	52	21	52	30	54
10	26	52	30	58	21	60	29	59	22	51	27	51
11	25	59	27	57	22	57	28	60	29	60	28	52
12	24	58	28	56	29	58	27	57	30	59	35	9
13	23	55	25	55	22	55	26	58	37	8	36	10
14	22	56	26	54	29	56	25	5	38	7	33	7
15	21	3	23	51	30	3	34	10	35	6	40	8
16	38	4	24	10	37	4	33	7	36	5	37	5
17	37	1	32	9	38	4	40	8	33	4	38	6
18	36	2	31	3	35	3	39	5	34	9	35	4
19	33	7	40	4	36	2	38	6	32	8	36	3
20	32	8	39	1	39	1	31	3	31	7	33	2
21	31	5	38	2	40	10	40	4	40	7	34	1
22	40	6	37	9	37	9	39	9	39	8	49	20
23	39	3	36	10	38	8	38	10	48	15	50	19
24	38	4	35	7	35	7	37	17	47	16	47	18
25	37	11	34	8	36	16	46	18	46	13	48	17
26	46	12	33	15	43	15	45	15	45	14	45	16
27	45	19	42	16	44	12	44	16	44	11	46	15
28	44	20	41	13	41	11	43	13	43	12	43	14
29	43		50	14	42	20	42	14	42	19	44	13
30	42		49	11	49	19	41	11	41	20	41	12
31	41		48		50		50	12		17		11

1982年 —昭和57年— Gold

日＼月	1	2	3	4	5	6	7	8	9	10	11	12
1	30	55	14	52	25	54	23	54	26	55	21	55
2	29	54	21	51	26	51	22	53	23	54	22	56
3	28	53	22	60	23	52	21	52	24	53	29	53
4	27	51	29	59	24	59	30	51	21	52	30	54
5	26	52	24	58	21	60	29	60	22	51	27	51
6	25	59	27	57	22	57	28	59	29	60	28	52
7	24	60	28	56	29	58	27	58	30	59	35	9
8	23	57	25	55	30	55	26	58	37	8	36	10
9	22	58	26	54	27	56	25	5	38	7	33	7
10	21	5	23	53	28	3	34	6	35	6	34	8
11	40	6	24	2	35	4	33	3	36	5	31	5
12	39	1	31	1	36	1	32	4	33	4	32	6
13	38	2	32	10	33	2	31	1	34	3	39	3
14	37	9	39	9	36	9	40	2	31	2	40	4
15	36	10	40	6	33	10	39	9	32	1	37	1
16	33	7	37	5	34	7	38	4	39	10	34	2
17	32	8	37	4	31	9	35	1	40	9	41	19
18	31	5	36	10	32	8	34	2	47	14	42	19
19	38	4	35	7	39	7	33	19	47	13	49	18
20	37	11	34	8	40	16	46	20	46	12	50	17
21	46	12	33	15	43	15	45	17	45	14	47	16
22	45	19	42	16	44	14	44	18	44	11	48	15
23	44	20	41	13	41	13	43	13	43	12	43	14
24	43	17	50	14	42	12	42	14	42	19	44	13
25	42	18	49	11	49	11	41	11	41	20	41	12
26	41	15	48	12	50	20	50	12	50	17	42	11
27	50	16	47	19	47	17	49	19	49	18	59	30
28	49	13	46	20	48	16	48	20	58	25	60	29
29	48		45	17	45	15	47	27	57	26	57	28
30	47		44	18	46	24	56	28	56	23	58	27
31	56		43		53		55	25		24		26

1983年 —昭和58年— Silver

日＼月	1	2	3	4	5	6	7	8	9	10	11	12
1	25	60	27	57	22	57	28	59	29	60	28	52
2	24	59	28	56	29	58	27	58	30	59	35	9
3	23	58	25	55	30	55	26	57	37	8	36	10
4	22	58	26	54	27	56	25	6	38	7	33	7
5	21	5	23	53	28	3	34	5	35	6	34	8
6	40	6	24	2	35	4	33	4	36	5	31	5
7	39	3	31	1	36	1	31	3	33	4	32	6
8	38	4	32	10	33	2	31	1	34	3	39	3
9	37	1	39	9	34	9	40	2	31	2	40	4
10	36	2	40	8	31	10	39	9	32	1	37	1
11	35	9	37	7	32	7	38	10	39	10	38	2
12	34	8	38	6	39	8	37	7	40	9	45	19
13	33	5	35	5	40	5	36	8	47	18	46	20
14	32	6	36	4	39	6	35	15	48	17	43	17
15	31	13	33	1	40	13	44	16	45	16	44	18
16	48	14	34	20	47	14	43	17	46	15	47	15
17	47	11	42	19	48	14	42	18	43	14	48	16
18	46	12	41	13	45	13	49	15	44	13	45	13
19	43	17	50	14	46	12	48	16	42	18	46	13
20	42	18	49	11	43	11	47	13	41	17	43	12
21	41	15	48	12	50	20	50	14	50	16	44	11
22	50	16	47	19	47	19	49	11	49	18	51	30
23	49	13	46	20	48	18	48	20	58	25	60	29
24	48	14	45	17	45	17	47	27	57	26	57	28
25	47	21	44	18	46	26	56	28	56	23	58	27
26	56	22	43	25	53	25	55	25	55	24	55	26
27	55	29	52	26	54	22	54	26	54	21	56	25
28	54	30	51	23	51	21	50	20	53	22	53	24
29	53		60	24	52	30	52	24	52	29	54	23
30	52		59	21	59	29	51	21	51	30	51	22
31	51		58		60		60	22		27		21

1984年 ― 昭和59年 ― Gold 金

日＼月	1	2	3	4	5	6	7	8	9	10	11	12
1	40	5	31	1	36	1	32	3	33	4	32	6
2	39	4	32	10	33	2	31	2	34	3	39	3
3	38	3	39	9	34	9	40	1	31	2	40	4
4	37	2	40	8	31	10	39	10	32	1	37	1
5	36	2	37	7	32	7	38	9	39	10	38	2
6	35	9	38	6	39	8	38	8	40	9	45	19
7	34	10	35	5	40	5	36	8	47	18	46	20
8	33	7	36	4	37	6	35	15	48	17	43	17
9	32	8	33	3	38	13	44	16	45	16	44	18
10	31	15	34	12	45	14	43	13	46	15	41	15
11	50	16	41	11	46	11	42	14	43	14	42	16
12	49	13	42	20	43	12	41	11	44	13	49	13
13	48	12	49	19	46	19	50	12	41	12	50	14
14	47	19	50	16	43	20	49	19	42	11	47	11
15	46	20	47	15	44	17	48	14	49	20	44	12
16	43	17	47	14	41	19	47	11	50	19	51	29
17	42	18	46	20	42	18	44	12	57	28	52	30
18	41	15	45	17	49	17	43	29	57	23	59	28
19	48	16	44	18	50	26	52	30	56	22	60	27
20	47	21	43	25	53	25	55	27	55	21	57	26
21	56	22	52	26	54	24	54	28	54	21	58	25
22	55	29	51	23	51	23	53	23	53	22	53	24
23	54	30	60	24	52	22	52	24	52	29	54	23
24	53	27	59	21	59	21	51	21	51	30	51	22
25	52	28	58	22	60	30	60	22	60	27	52	21
26	51	25	57	29	57	27	59	29	59	28	9	40
27	60	26	56	30	58	26	58	30	8	35	10	39
28	59	23	55	27	55	25	57	37	7	36	7	38
29	58	24	54	28	56	34	6	38	6	33	8	37
30	57		53	35	3	33	5	35	5	34	5	36
31	6		2		4		4	36		31		35

1985年 ― 昭和60年 ― Silver 銀

日＼月	1	2	3	4	5	6	7	8	9	10	11	12
1	34	9	38	6	39	8	37	8	40	9	45	19
2	33	8	35	5	40	5	36	7	47	18	46	20
3	32	7	36	4	37	6	35	16	48	17	43	17
4	31	15	33	3	38	13	44	15	45	16	44	18
5	50	16	38	12	45	14	43	14	46	15	41	15
6	49	13	41	11	46	11	42	13	43	14	42	16
7	48	14	42	20	43	12	41	11	44	13	49	13
8	47	11	49	19	44	19	50	12	41	12	50	14
9	46	12	50	18	41	20	49	19	42	11	47	11
10	45	19	47	17	42	17	48	20	49	20	48	12
11	44	20	48	16	49	18	47	17	50	19	55	29
12	43	15	45	15	50	15	46	18	57	28	56	30
13	42	16	46	14	49	16	45	25	58	27	53	27
14	41	23	43	13	50	23	54	26	55	26	54	28
15	58	24	44	30	57	24	53	27	56	25	57	25
16	57	21	51	29	58	21	52	28	53	24	58	26
17	56	22	51	28	55	23	59	25	54	23	55	23
18	53	29	60	24	56	22	58	26	51	28	56	23
19	52	28	59	21	53	21	57	23	51	27	53	22
20	51	25	58	22	60	30	60	24	60	26	54	21
21	60	26	57	29	57	29	59	21	59	28	1	40
22	59	23	56	30	58	28	58	30	8	35	10	39
23	58	24	55	27	55	27	57	37	7	36	7	38
24	57	31	54	28	56	36	6	38	6	33	8	37
25	6	32	53	35	3	35	5	35	5	34	5	36
26	5	39	2	36	4	32	4	36	4	31	6	35
27	4	40	1	33	1	31	3	33	3	32	3	34
28	3	37	10	34	2	40	2	34	2	39	4	33
29	2		9	31	9	39	1	31	1	40	1	32
30	1		8	32	10	38	10	32	10	37	2	31
31	10		7		7		9	39		38		50

1986年 昭和61年 Gold 金

日＼月	1	2	3	4	5	6	7	8	9	10	11	12
1	49	14	41	11	46	11	42	13	43	14	42	16
2	48	13	42	20	43	12	41	12	44	13	49	13
3	47	12	49	19	44	19	50	11	41	12	50	14
4	46	12	50	18	41	20	49	20	42	11	47	11
5	45	19	41	17	42	17	48	19	49	20	48	12
6	44	20	48	16	49	18	47	18	50	19	55	29
7	43	17	45	15	50	15	46	17	57	28	56	30
8	42	18	46	14	47	16	45	25	58	27	53	27
9	41	25	43	13	48	23	54	26	55	26	54	28
10	60	26	44	22	55	24	53	23	56	25	51	25
11	59	23	51	21	56	21	52	24	53	24	52	26
12	58	22	52	30	53	22	51	21	54	23	59	23
13	57	29	59	29	54	29	60	22	51	22	60	24
14	56	30	60	28	53	30	59	29	52	21	57	21
15	55	27	57	25	54	27	58	30	59	30	58	22
16	52	28	58	24	51	28	57	21	60	29	1	39
17	51	25	56	23	52	28	54	22	7	38	2	40
18	60	26	55	27	59	27	53	39	8	33	9	38
19	57	31	54	28	60	36	2	40	6	32	10	37
20	6	32	53	35	7	35	5	37	5	31	7	36
21	5	39	2	36	4	34	4	38	4	31	8	35
22	4	40	1	33	1	33	3	35	3	32	5	34
23	3	37	10	34	2	32	2	34	2	39	4	33
24	2	38	9	31	9	31	1	31	1	40	1	32
25	1	35	8	32	10	40	10	32	10	37	2	31
26	10	36	7	39	7	39	9	39	9	38	19	50
27	9	33	6	40	8	36	8	40	18	45	20	49
28	8	34	5	37	5	35	7	47	17	46	17	48
29	7		4	38	6	44	16	48	16	43	18	47
30	16		3	45	13	43	15	45	15	44	15	46
31	15		12		14		14	46		41		45

1987年 昭和62年 Silver 銀

日＼月	1	2	3	4	5	6	7	8	9	10	11	12
1	44	19	48	16	49	18	47	18	50	19	55	29
2	43	18	45	15	50	15	46	17	57	28	56	30
3	42	17	46	14	47	16	45	26	58	27	53	27
4	41	25	43	13	48	23	54	25	55	26	54	28
5	60	26	48	22	55	24	53	24	56	25	51	25
6	59	23	51	21	56	21	52	23	53	24	52	26
7	58	24	52	30	53	22	52	22	54	23	59	23
8	57	21	59	29	54	29	60	22	51	22	60	24
9	56	22	60	28	51	30	59	29	52	21	57	21
10	55	29	57	27	52	27	58	30	59	30	58	22
11	54	30	58	26	59	28	57	27	60	29	5	39
12	53	25	55	25	60	25	56	28	7	38	6	40
13	52	26	56	24	57	26	55	35	8	37	3	37
14	51	33	53	23	60	33	4	36	5	36	4	38
15	10	34	54	40	7	34	3	33	6	35	1	35
16	7	31	1	39	8	31	2	38	3	34	8	36
17	6	32	1	38	5	33	1	35	4	33	5	33
18	5	39	10	34	6	32	8	36	1	32	6	34
19	2	38	9	31	3	31	7	33	1	37	3	32
20	1	35	8	32	4	40	6	34	10	36	4	31
21	10	36	7	39	7	39	9	31	9	35	11	50
22	9	33	6	40	8	38	8	32	18	45	12	49
23	8	34	5	37	5	37	7	47	17	46	17	48
24	7	41	4	38	6	46	16	48	16	43	18	47
25	16	42	3	45	13	45	15	45	15	44	15	46
26	15	49	12	46	14	44	14	46	14	41	16	45
27	14	50	11	43	11	41	13	43	13	42	13	44
28	13	47	20	44	12	50	12	44	12	49	14	43
29	12		19	41	19	49	11	41	11	50	11	42
30	11		18	42	20	48	20	42	20	47	12	41
31	20		17		17		19	49		48		60

1988年
昭和63年
Gold

日＼月	1	2	3	4	5	6	7	8	9	10	11	12
1	59	24	52	30	53	22	51	22	54	23	59	23
2	58	23	59	29	54	29	60	21	51	22	60	24
3	57	22	60	28	51	30	59	30	52	21	57	21
4	56	22	57	27	52	27	58	29	59	30	58	22
5	55	29	58	26	59	28	57	28	60	29	5	39
6	54	30	55	25	60	25	55	27	7	38	6	40
7	53	27	56	24	57	26	55	35	8	37	3	37
8	52	28	53	23	58	33	4	36	5	36	4	38
9	51	35	54	32	5	34	3	33	6	35	1	35
10	10	36	1	31	6	31	2	34	3	34	2	36
11	9	33	2	40	3	32	1	31	4	33	9	33
12	8	32	9	39	4	39	10	32	1	32	10	34
13	7	39	10	38	3	40	9	39	2	31	7	31
14	6	40	7	35	4	37	8	40	9	40	8	32
15	5	37	8	34	1	38	7	31	10	39	11	49
16	2	38	6	33	2	38	6	32	17	48	12	50
17	1	35	5	37	9	37	3	49	18	47	19	47
18	10	36	4	38	10	46	12	50	16	42	20	47
19	7	41	3	45	17	45	11	47	15	41	17	46
20	16	42	12	46	14	44	14	48	14	50	18	45
21	15	49	11	43	11	43	13	45	13	42	15	44
22	14	50	20	44	12	42	12	44	12	49	14	43
23	13	47	19	41	19	41	11	41	11	50	11	42
24	12	48	18	42	20	50	20	42	20	47	12	41
25	11	45	17	49	17	49	19	49	19	48	29	60
26	20	46	16	50	18	46	18	50	28	55	30	59
27	19	43	15	47	15	45	17	57	27	56	27	58
28	18	44	14	48	16	54	26	58	26	53	28	57
29	17	51	13	55	23	53	25	55	25	54	25	56
30	26		22	56	24	52	24	56	24	51	26	55
31	25		21		21		23	53		52		54

1989年
昭和64年
平成元年
Silver

日＼月	1	2	3	4	5	6	7	8	9	10	11	12
1	53	28	55	25	60	25	56	27	7	38	6	40
2	52	27	56	24	57	26	55	36	8	37	3	37
3	51	36	53	23	58	33	4	35	5	36	4	38
4	10	36	54	32	5	34	3	34	6	35	1	35
5	9	33	1	31	6	31	2	33	3	34	2	36
6	8	34	2	40	3	32	1	32	4	33	9	33
7	7	31	9	39	4	39	10	32	1	32	10	34
8	6	32	10	38	1	40	9	39	2	31	7	31
9	5	39	7	37	2	37	8	40	9	40	8	32
10	4	40	8	36	9	38	7	37	10	39	15	49
11	3	37	5	35	10	35	6	38	17	48	16	50
12	2	36	6	34	7	36	5	45	18	47	13	47
13	1	43	3	33	10	43	14	46	15	46	14	48
14	20	44	4	42	17	44	13	43	16	45	11	45
15	17	41	11	49	18	41	12	48	13	44	18	46
16	16	42	11	48	15	42	11	45	14	43	15	43
17	15	49	20	47	16	42	18	46	11	42	16	44
18	12	50	19	41	13	41	17	43	12	47	13	42
19	11	45	18	42	14	50	16	44	20	46	14	41
20	20	46	17	49	17	49	19	41	19	45	21	60
21	19	43	16	50	18	48	18	42	28	55	22	59
22	18	44	15	47	15	47	17	57	27	56	27	58
23	17	51	14	48	16	56	26	58	26	53	28	57
24	26	52	13	55	23	55	25	55	25	54	25	56
25	25	59	22	56	24	54	24	56	24	51	26	55
26	24	60	21	53	21	53	23	53	23	52	23	54
27	23	57	30	54	22	60	22	54	22	59	24	53
28	22	58	29	51	29	59	21	51	21	60	21	52
29	21		28	52	30	58	30	52	30	57	22	51
30	30		27	59	27	57	29	59	29	58	39	10
31	29		26		28		28	60		5		9

1990年 —平成2年— Gold

日＼月	1	2	3	4	5	6	7	8	9	10	11	12
1	8	33	2	40	3	32	1	32	4	33	9	33
2	7	32	9	39	4	39	10	31	1	32	10	34
3	6	31	10	38	1	40	9	40	2	31	7	31
4	5	39	7	37	2	37	8	39	9	40	8	32
5	4	40	2	36	9	38	7	38	10	39	15	49
6	3	37	5	35	10	35	6	37	17	48	16	50
7	2	38	6	34	7	36	5	46	18	47	13	47
8	1	45	3	33	8	43	14	46	15	46	14	48
9	20	46	4	42	15	44	13	43	16	45	11	45
10	19	43	11	41	16	41	12	44	13	44	12	46
11	18	44	12	50	13	42	11	41	14	43	19	43
12	17	49	19	49	14	49	20	42	11	42	20	44
13	16	50	20	48	11	50	19	49	12	41	17	41
14	15	47	17	47	14	47	18	50	19	50	18	42
15	12	48	18	44	11	48	17	47	20	49	25	59
16	11	45	15	43	12	45	16	42	27	58	22	60
17	20	46	15	42	19	47	13	59	28	57	29	57
18	17	53	14	48	20	56	22	60	25	52	30	57
19	26	52	13	55	27	55	21	57	25	51	27	56
20	25	59	22	56	28	54	24	58	24	60	28	55
21	24	60	21	53	21	53	23	55	23	52	25	54
22	23	57	30	54	22	52	22	56	22	59	26	53
23	22	58	29	51	29	51	21	51	21	60	21	52
24	21	55	28	52	30	60	30	52	30	57	22	51
25	30	56	27	59	27	59	29	59	29	58	39	10
26	29	53	26	60	28	58	28	60	38	5	40	9
27	28	54	25	57	25	55	27	7	37	6	37	8
28	27	1	24	58	26	4	36	8	36	3	38	7
29	36		23	5	33	3	35	5	35	4	35	6
30	35		32	6	34	2	34	6	34	1	36	5
31	34		31		31		33	3		2		4

1991年 —平成3年— Silver

日＼月	1	2	3	4	5	6	7	8	9	10	11	12
1	3	38	5	35	10	35	6	37	17	48	16	50
2	2	37	6	34	7	36	5	46	18	47	13	47
3	1	46	3	33	8	43	14	45	15	46	12	48
4	20	46	4	42	15	44	13	44	16	45	11	45
5	19	43	15	41	16	41	12	43	13	44	12	46
6	18	44	12	50	13	42	11	42	14	43	19	43
7	17	41	19	49	14	49	20	41	11	42	20	44
8	16	42	20	48	11	50	19	49	12	41	17	41
9	15	49	17	47	12	47	18	50	19	50	18	42
10	14	50	18	46	19	48	17	47	20	49	25	59
11	13	47	15	45	20	45	16	48	27	58	26	60
12	12	46	16	44	17	46	15	55	28	57	23	57
13	11	53	13	43	18	53	24	56	25	56	24	58
14	30	54	14	52	27	54	23	53	26	55	21	55
15	29	51	21	59	28	51	22	54	23	54	22	56
16	26	52	22	58	25	52	21	55	24	53	25	53
17	25	59	30	57	26	52	28	56	21	52	26	54
18	24	60	29	51	23	51	27	53	22	51	23	51
19	21	55	28	52	24	60	26	54	30	56	24	51
20	30	56	27	59	21	59	29	51	29	55	31	10
21	29	53	26	60	28	58	28	52	38	4	32	9
22	28	54	25	57	25	57	27	9	37	6	39	8
23	27	1	24	58	26	6	36	8	36	3	38	7
24	36	2	23	5	33	5	35	5	35	4	35	6
25	35	9	32	6	34	4	34	6	34	1	36	5
26	34	10	31	3	31	1	33	3	33	2	33	4
27	33	7	40	4	32	10	32	4	32	9	34	3
28	32	8	39	1	39	9	31	1	31	10	31	2
29	31		38	2	40	8	40	2	40	7	32	1
30	40		37	9	37	7	39	9	39	8	49	20
31	39		36		38		38	10		15		19

1992年

平成4年

Gold

金

日＼月	1	2	3	4	5	6	7	8	9	10	11	12
1	18	43	19	49	14	49	20	41	11	42	20	44
2	17	42	20	48	11	50	19	50	12	41	17	41
3	16	41	17	47	12	47	18	49	19	50	18	42
4	15	49	18	46	19	48	17	48	20	49	25	59
5	14	50	15	45	20	45	16	47	27	58	26	60
6	13	47	16	44	17	46	16	56	28	57	23	57
7	12	48	13	43	18	53	24	56	25	56	24	58
8	11	55	14	52	25	54	23	53	26	55	21	55
9	30	56	21	51	26	51	22	54	23	54	22	56
10	29	53	22	60	23	52	21	51	24	53	29	53
11	28	54	29	59	24	59	30	52	21	52	30	54
12	27	59	30	58	21	60	29	59	22	51	27	51
13	26	60	27	57	24	57	28	60	29	60	28	52
14	25	57	28	54	21	58	27	57	30	59	35	9
15	24	58	25	53	22	55	26	52	37	8	32	10
16	21	55	25	52	29	57	25	9	38	7	39	7
17	30	56	24	58	30	6	32	10	35	6	40	8
18	29	3	23	5	37	5	31	7	35	1	37	6
19	36	2	32	6	38	4	40	8	34	10	38	5
20	35	9	31	3	31	3	33	5	33	9	35	4
21	34	10	40	4	32	2	32	6	32	9	36	3
22	33	7	39	1	39	1	31	1	31	10	31	2
23	32	8	38	2	40	10	40	2	40	7	32	1
24	31	5	37	9	37	9	39	9	39	8	49	20
25	40	6	36	10	38	8	38	10	48	15	50	19
26	39	3	35	7	35	5	37	17	47	16	47	18
27	38	4	34	8	36	14	46	18	46	13	48	17
28	37	11	33	15	43	13	45	15	45	14	45	16
29	46	12	42	16	44	12	44	16	44	11	46	15
30	45		41	13	41	11	43	13	43	12	43	14
31	44		50		42		42	14		19		13

1993年

平成5年

Silver

銀

日＼月	1	2	3	4	5	6	7	8	9	10	11	12
1	12	47	16	44	17	46	15	56	28	57	23	57
2	11	56	13	43	18	53	24	55	25	56	24	58
3	30	55	14	52	25	54	23	54	26	55	21	55
4	29	53	21	51	26	51	22	53	23	54	22	56
5	28	54	22	60	23	52	21	52	24	53	29	53
6	27	51	29	59	24	59	30	51	21	52	30	54
7	26	52	30	58	21	60	30	59	22	51	27	51
8	25	59	27	57	22	57	28	60	29	60	28	52
9	24	60	28	56	29	58	27	57	30	59	35	9
10	23	57	25	55	30	55	26	58	37	8	36	10
11	22	58	26	54	27	56	25	5	38	7	33	7
12	21	3	23	53	28	3	34	6	35	6	34	8
13	40	4	24	2	37	4	33	3	36	5	31	5
14	39	1	31	1	38	1	32	4	33	4	32	6
15	36	2	32	8	35	2	31	5	34	3	35	3
16	35	9	40	7	36	9	40	6	31	2	36	4
17	34	10	39	6	33	1	39	3	32	1	33	1
18	31	7	38	2	34	10	36	4	39	6	34	1
19	40	6	37	9	31	9	35	1	39	5	41	20
20	39	3	36	10	38	8	34	2	48	14	42	19
21	38	4	35	7	35	7	37	19	47	16	49	18
22	37	11	34	8	36	16	46	18	46	13	48	17
23	46	12	33	15	43	15	45	15	45	14	45	16
24	45	19	42	16	44	14	44	16	44	11	46	15
25	44	20	41	13	41	13	43	13	43	12	43	14
26	43	17	50	14	42	12	42	14	42	19	44	13
27	42	18	49	11	49	19	41	11	41	20	41	12
28	41	15	48	12	50	18	50	12	50	17	42	11
29	50		47	19	47	17	49	19	49	18	59	30
30	49		46	20	48	16	48	20	58	25	60	29
31	48		45		45		47	27		26		28

1994年 平成6年 Gold 金

日＼月	1	2	3	4	5	6	7	8	9	10	11	12
1	27	52	29	59	24	59	30	51	21	52	30	54
2	26	51	30	58	21	60	29	60	22	51	27	51
3	25	60	27	57	22	57	28	59	29	60	28	52
4	24	60	28	56	29	58	27	58	30	59	35	9
5	23	57	29	55	30	55	26	57	37	8	36	10
6	22	58	26	54	27	56	25	6	38	7	33	7
7	21	5	23	53	28	3	34	5	35	6	34	8
8	40	6	24	2	35	4	33	3	36	5	31	5
9	39	3	31	1	36	1	32	4	33	4	32	6
10	38	4	32	10	33	2	31	1	34	3	39	3
11	37	1	39	9	34	9	40	2	31	2	40	4
12	36	10	40	8	31	10	39	9	32	1	37	1
13	35	7	37	7	32	7	38	10	39	10	38	2
14	34	8	38	6	31	8	37	7	40	9	45	19
15	31	5	35	3	32	5	36	8	47	18	46	20
16	40	6	36	2	39	6	35	19	48	17	49	17
17	39	13	34	1	40	16	42	20	45	16	50	18
18	46	14	33	15	47	15	41	17	46	11	47	16
19	45	19	42	16	48	14	50	18	44	20	48	15
20	44	20	41	13	45	13	43	15	43	19	45	14
21	43	17	50	14	42	12	42	16	42	19	46	13
22	42	18	49	11	49	11	41	13	41	20	43	12
23	41	15	48	12	50	20	50	12	50	17	42	11
24	50	16	47	19	47	19	49	19	49	18	59	30
25	49	13	46	20	48	18	48	20	58	25	60	29
26	48	14	45	17	45	17	47	27	57	26	57	28
27	47	21	44	18	46	24	56	28	56	23	58	27
28	56	22	43	25	53	23	55	25	55	24	55	26
29	55		52	26	54	22	54	26	54	21	56	25
30	54		51	23	51	21	53	23	53	22	53	24
31	53		60		52		52	24		29		23

1995年 平成7年 Silver 銀

日＼月	1	2	3	4	5	6	7	8	9	10	11	12
1	22	57	26	54	27	56	25	6	38	7	33	7
2	21	6	23	53	28	3	34	5	35	6	34	8
3	40	5	24	2	35	4	33	4	36	5	31	5
4	39	3	31	1	36	1	32	3	33	4	32	6
5	38	4	32	10	33	2	31	2	34	3	39	3
6	37	1	39	9	34	9	40	1	31	2	40	4
7	36	2	40	8	31	10	39	10	32	1	37	1
8	35	9	37	7	32	7	38	10	39	10	38	2
9	34	10	38	6	39	8	37	7	40	9	45	19
10	33	7	35	5	40	5	36	8	47	18	46	20
11	32	8	36	4	37	6	35	15	48	17	43	17
12	31	13	33	3	38	13	44	16	45	16	44	18
13	50	14	34	12	45	14	43	13	46	15	41	15
14	49	11	41	11	48	11	42	14	43	14	42	16
15	48	12	42	18	45	12	41	11	44	13	49	13
16	45	19	49	17	46	19	50	16	41	12	46	14
17	44	20	49	16	43	11	47	13	42	11	43	11
18	43	17	48	12	44	20	46	14	49	20	44	11
19	50	16	47	19	41	19	45	11	49	15	51	30
20	49	13	46	20	42	18	48	12	58	24	52	29
21	48	14	45	17	45	17	47	29	57	23	59	28
22	47	21	44	18	46	26	56	30	56	23	60	27
23	56	22	43	25	53	25	55	25	55	24	55	26
24	55	29	52	26	54	24	54	26	54	21	56	25
25	54	30	51	23	51	23	53	23	53	22	53	24
26	53	27	60	24	52	22	52	24	52	29	54	23
27	52	28	59	21	59	29	51	21	51	30	51	22
28	51	25	58	22	60	28	60	22	60	27	52	21
29	60		57	29	57	27	59	29	59	28	9	40
30	59		56	30	58	26	58	30	8	35	10	39
31	58		55		55		57	37		36		38

1996年 —平成8年— Gold

日＼月	1	2	3	4	5	6	7	8	9	10	11	12
1	37	2	40	8	31	10	39	10	32	1	37	1
2	36	1	37	7	32	7	38	9	39	10	38	2
3	35	10	38	6	39	8	37	8	40	9	45	19
4	34	10	35	5	40	5	36	7	47	18	46	20
5	33	7	36	4	37	6	35	16	48	17	43	17
6	32	8	33	3	38	13	43	15	45	16	44	18
7	31	15	34	12	45	14	43	13	46	15	41	15
8	50	16	41	11	46	11	42	14	43	14	42	16
9	49	13	42	20	43	12	41	11	44	13	49	13
10	48	14	49	19	44	19	50	12	41	12	50	14
11	47	11	50	18	41	20	49	19	42	11	47	11
12	46	20	47	17	42	17	48	20	49	20	48	12
13	45	17	48	16	41	18	47	17	50	19	55	29
14	44	18	45	13	42	15	46	18	57	28	56	30
15	43	15	46	12	49	16	45	29	58	27	59	27
16	50	16	44	11	50	26	54	30	55	26	60	28
17	49	23	43	25	57	25	51	27	56	25	57	25
18	58	24	52	26	58	24	60	28	54	30	58	25
19	55	29	51	23	55	23	59	25	53	29	55	24
20	54	30	60	24	52	22	52	26	52	28	56	23
21	53	27	59	21	59	21	51	23	51	30	53	22
22	52	28	58	22	60	30	60	22	60	27	52	21
23	51	25	57	29	57	29	59	29	59	28	9	40
24	60	26	56	30	58	28	58	30	8	35	10	39
25	59	23	55	27	55	27	57	37	7	36	7	38
26	58	24	54	28	56	34	6	38	6	33	8	37
27	57	31	53	35	3	33	5	35	5	34	5	36
28	6	32	2	36	4	32	4	36	4	31	6	35
29	5	39	1	33	1	31	3	33	3	32	3	34
30	4		10	34	2	40	2	34	2	39	4	33
31	3		9		9		1	31		40		32

1997年 —平成9年— Silver

日＼月	1	2	3	4	5	6	7	8	9	10	11	12
1	31	16	33	3	38	13	44	15	45	16	44	18
2	50	15	34	12	45	14	43	14	46	15	41	15
3	49	14	41	11	46	11	42	13	43	14	42	16
4	48	14	42	20	43	12	41	12	44	13	49	13
5	47	11	49	19	44	19	50	11	41	12	50	14
6	46	12	50	18	41	20	49	20	42	11	47	11
7	45	19	47	17	42	17	48	20	49	20	48	12
8	44	20	48	16	49	18	47	17	50	19	55	29
9	43	17	45	15	50	15	46	18	57	28	56	30
10	42	18	46	14	47	16	45	25	58	27	53	27
11	41	25	43	13	48	23	54	26	55	26	54	28
12	60	24	44	22	55	24	53	23	56	25	51	25
13	59	21	51	21	58	21	52	24	53	24	52	26
14	58	22	52	30	55	22	51	21	54	23	59	23
15	55	29	59	27	56	29	60	26	51	22	56	24
16	54	30	59	26	53	30	59	23	52	21	53	21
17	53	27	58	25	54	30	56	24	59	30	54	22
18	60	28	57	29	51	29	55	21	59	25	1	40
19	59	23	56	30	52	28	54	22	8	34	2	39
20	58	24	55	27	55	27	57	39	7	33	9	38
21	57	31	54	28	56	36	6	40	6	33	10	37
22	6	32	53	35	3	35	5	35	5	34	5	36
23	5	39	2	36	4	34	4	36	4	31	6	35
24	4	40	1	33	1	33	3	33	3	32	3	34
25	3	37	10	34	2	32	2	34	2	39	4	33
26	2	38	9	31	9	39	1	31	1	40	1	32
27	1	35	8	32	10	38	10	32	10	37	2	31
28	10	36	7	39	7	37	9	39	9	38	19	50
29	9		6	40	8	36	8	40	18	45	20	49
30	8		5	37	5	35	7	47	17	46	17	48
31	7		4		6		16	48		43		47

1998年 平成10年 Gold 金

日＼月	1	2	3	4	5	6	7	8	9	10	11	12
1	46	11	50	18	41	20	49	20	42	11	47	11
2	45	20	47	17	42	17	48	19	49	20	48	12
3	44	19	48	16	49	18	47	18	50	19	55	29
4	43	17	45	15	50	15	46	17	57	28	56	30
5	42	18	50	14	47	16	45	26	58	27	53	27
6	41	25	43	13	48	23	54	25	55	26	54	28
7	60	26	44	22	55	24	53	24	56	25	51	25
8	59	23	51	21	56	21	52	24	53	24	52	26
9	58	24	52	30	53	22	51	21	54	23	59	23
10	57	21	59	29	54	29	60	22	51	22	60	24
11	56	22	60	28	51	30	59	29	52	21	57	21
12	55	27	57	27	52	27	58	30	59	30	58	22
13	54	28	58	26	59	28	57	27	60	29	5	39
14	53	25	55	25	52	25	56	28	7	38	6	40
15	60	26	56	22	59	26	55	35	8	37	3	37
16	59	33	53	21	60	33	4	40	5	36	10	38
17	8	34	53	40	7	35	1	37	6	35	7	35
18	5	31	2	36	8	34	10	38	3	40	8	35
19	4	40	1	33	5	33	9	35	3	39	5	34
20	3	37	10	34	6	32	2	36	2	38	6	33
21	2	38	9	31	9	31	1	33	1	40	3	32
22	1	35	8	32	10	40	10	34	10	37	4	31
23	10	36	7	39	7	39	9	39	9	38	19	50
24	9	33	6	40	8	38	8	40	18	45	20	49
25	8	34	5	37	5	37	7	47	17	46	17	48
26	7	41	4	38	6	46	16	48	16	43	18	47
27	16	42	3	45	13	43	15	45	15	44	15	46
28	15	49	12	46	14	42	14	46	14	41	16	45
29	14		11	43	11	41	13	43	13	42	13	44
30	13		20	44	12	50	12	44	12	49	14	43
31	12		19		19		11	41		50		42

1999年 平成11年 Silver 銀

日＼月	1	2	3	4	5	6	7	8	9	10	11	12
1	41	26	43	13	48	23	54	25	55	26	54	28
2	60	25	44	22	55	24	53	24	56	25	51	25
3	59	24	51	21	56	21	52	23	53	24	52	26
4	58	24	52	30	53	22	51	22	54	23	59	23
5	57	21	53	29	54	29	60	21	51	22	60	24
6	56	22	60	28	51	30	59	30	52	21	57	21
7	55	29	57	27	52	27	58	29	59	30	58	22
8	54	30	58	26	59	28	57	27	60	29	5	39
9	53	27	55	25	60	25	56	28	7	38	6	40
10	52	28	56	24	57	26	55	35	8	37	3	37
11	51	35	53	23	58	33	4	36	5	36	4	38
12	10	34	54	32	5	34	3	33	6	35	1	35
13	9	31	1	31	6	31	2	34	3	34	2	36
14	8	32	2	40	5	32	1	31	4	33	9	33
15	7	39	9	37	6	39	10	32	1	32	10	34
16	4	40	10	36	3	40	9	33	2	31	3	31
17	3	37	8	35	4	40	6	34	9	40	4	32
18	2	38	7	39	1	39	5	31	10	39	11	50
19	9	33	6	40	2	38	4	32	18	44	12	49
20	8	34	5	37	9	37	7	49	17	43	19	48
21	7	41	4	38	6	46	16	50	16	42	20	47
22	16	42	3	45	13	45	15	47	15	44	17	46
23	15	49	12	46	14	44	14	46	14	41	16	45
24	14	50	11	43	11	43	13	43	13	42	13	44
25	13	47	20	44	12	42	12	44	12	49	14	43
26	12	48	19	41	19	41	11	41	11	50	11	42
27	11	45	18	42	20	48	20	42	20	47	12	41
28	20	46	17	49	17	47	19	49	19	40	29	60
29	19		16	50	18	46	18	50	28	55	30	59
30	18		15	47	15	45	17	57	27	56	27	58
31	17		14		16		26	58		53		57

2000年 ―平成12年― Gold 金

日＼月	1	2	3	4	5	6	7	8	9	10	11	12
1	56	21	57	27	52	27	58	29	59	30	58	22
2	55	30	58	26	59	28	57	28	60	29	5	39
3	54	29	55	25	60	25	56	27	7	38	6	40
4	53	27	56	24	57	26	55	36	8	37	3	37
5	52	28	53	23	58	33	4	35	5	36	4	38
6	51	35	54	32	5	34	4	34	6	35	1	35
7	10	36	1	31	6	31	2	34	3	34	2	36
8	9	33	2	40	3	32	1	31	4	33	9	33
9	8	34	9	39	4	39	10	32	1	32	10	34
10	7	31	10	38	1	40	9	39	2	31	7	31
11	6	32	7	37	2	37	8	40	9	40	8	32
12	5	37	8	36	9	38	7	37	10	39	15	49
13	4	38	5	35	2	35	6	38	17	48	16	50
14	3	35	6	32	9	36	5	45	18	47	13	47
15	2	36	3	31	10	43	14	50	15	46	20	48
16	9	43	3	50	17	45	13	47	16	45	17	45
17	18	44	12	46	18	44	20	48	13	44	18	46
18	17	41	11	43	15	43	19	45	13	49	15	44
19	14	50	20	44	16	42	18	46	12	48	16	43
20	13	47	19	41	19	41	11	43	11	47	13	42
21	12	48	18	42	20	50	20	44	20	47	14	41
22	11	45	17	49	17	49	19	49	19	48	29	60
23	20	46	16	50	18	48	18	50	28	55	30	59
24	19	43	15	47	15	47	17	57	27	56	27	58
25	18	44	14	48	16	56	26	58	26	53	28	57
26	17	51	13	55	23	53	25	55	25	54	25	56
27	26	52	22	56	24	52	24	56	24	51	26	55
28	25	59	21	53	21	51	23	53	23	52	23	54
29	24	60	30	54	22	60	22	54	22	59	24	53
30	23		29	51	29	59	21	51	21	60	21	52
31	22		28		30		30	52		57		51

2001年 ―平成13年― Silver 銀

日＼月	1	2	3	4	5	6	7	8	9	10	11	12
1	10	35	54	32	5	34	3	34	6	35	1	35
2	9	34	1	31	6	31	2	33	3	34	2	36
3	8	33	2	40	3	32	1	32	4	33	9	33
4	7	31	9	39	4	39	10	31	1	32	10	34
5	6	32	10	38	1	40	9	40	2	31	7	31
6	5	39	7	37	2	37	7	39	9	40	8	32
7	4	40	8	36	9	38	7	37	10	39	15	49
8	3	37	5	35	10	35	6	38	17	48	16	50
9	2	38	6	34	7	36	5	45	18	47	13	47
10	1	45	3	33	8	43	14	46	15	46	14	48
11	20	46	4	42	15	44	13	43	16	45	11	45
12	19	41	11	41	16	41	12	44	13	44	12	46
13	18	42	12	50	15	42	11	41	14	43	19	43
14	17	49	19	49	16	49	20	42	11	42	20	44
15	14	50	20	46	13	50	19	43	12	41	13	41
16	13	47	18	45	14	50	18	44	19	50	14	42
17	12	48	17	44	11	49	15	41	20	49	21	59
18	19	45	16	50	12	48	14	42	28	54	22	59
19	18	44	15	47	19	47	13	59	27	53	29	58
20	17	51	14	48	16	56	26	60	26	52	30	57
21	26	52	13	55	23	55	25	57	25	54	27	56
22	25	59	22	56	24	54	24	56	24	51	26	55
23	24	60	21	53	21	53	23	53	23	52	23	54
24	23	57	30	54	22	52	22	54	22	59	24	53
25	22	58	29	51	29	51	21	51	21	60	21	52
26	21	55	28	52	30	58	30	52	30	57	22	51
27	30	56	27	59	27	57	29	59	29	58	39	10
28	29	53	26	60	28	56	28	60	38	5	40	9
29	28		25	57	25	55	27	7	37	6	37	8
30	27		24	58	26	4	36	8	36	3	38	7
31	36		23		33		35	5		4		6

2002年 —平成14年— Gold 金

日＼月	1	2	3	4	5	6	7	8	9	10	11	12
1	5	40	7	37	2	37	8	39	9	40	8	32
2	4	39	8	36	9	38	7	38	10	39	15	49
3	3	38	5	35	10	35	6	37	17	48	16	50
4	2	38	6	34	7	36	5	46	18	47	13	47
5	1	45	7	33	8	43	14	45	15	46	14	48
6	20	46	4	42	15	44	13	44	16	45	11	45
7	19	43	11	41	16	41	12	43	13	44	12	46
8	18	44	12	50	13	42	11	41	14	43	19	43
9	17	41	19	49	14	49	20	42	11	42	20	44
10	16	42	20	48	11	50	19	49	12	41	17	41
11	15	49	17	47	12	47	18	50	19	50	18	42
12	14	48	18	46	19	48	17	47	20	49	25	59
13	13	45	15	45	20	45	16	48	27	58	26	60
14	12	46	16	44	19	46	15	55	28	57	23	57
15	19	53	13	41	20	53	24	56	25	56	30	58
16	28	54	14	60	27	54	23	57	26	55	27	55
17	27	51	22	59	28	54	30	58	23	54	28	56
18	24	52	21	53	25	53	29	55	24	59	25	54
19	23	57	30	54	26	52	28	56	22	58	26	53
20	22	58	29	51	23	51	21	53	21	57	23	52
21	21	55	28	52	30	60	30	54	30	57	24	51
22	30	56	27	59	27	59	29	51	29	58	39	10
23	29	53	26	60	28	58	28	60	38	5	40	9
24	28	54	25	57	25	57	27	7	37	6	37	8
25	27	1	24	58	26	6	36	8	36	3	38	7
26	36	2	23	5	33	5	35	5	35	4	35	6
27	35	9	32	6	34	2	34	6	34	1	36	5
28	34	10	31	3	31	1	33	3	33	2	33	4
29	33		40	4	32	10	32	4	32	9	34	3
30	32		39	1	39	9	31	1	31	10	31	2
31	31		38		40		40	2		7		1

2003年 —平成15年— Silver 銀

日＼月	1	2	3	4	5	6	7	8	9	10	11	12
1	20	45	4	42	15	44	13	44	16	45	11	45
2	19	44	11	41	16	41	12	43	13	44	12	46
3	18	43	12	50	13	42	11	42	14	43	19	43
4	17	41	19	49	14	49	20	41	11	42	20	44
5	16	42	14	48	11	50	19	50	12	41	17	41
6	15	49	17	47	12	47	18	49	19	50	18	42
7	14	50	18	46	19	48	17	48	20	49	25	59
8	13	47	15	45	20	45	16	48	27	58	26	60
9	12	48	16	44	17	46	15	55	28	57	23	57
10	11	55	13	43	18	53	24	56	25	56	24	58
11	30	56	14	52	25	54	23	53	26	55	21	55
12	29	51	21	51	26	51	22	54	23	54	22	56
13	28	52	22	60	23	52	21	51	24	53	29	53
14	27	59	29	59	26	59	30	52	21	52	30	54
15	26	60	30	56	23	60	29	59	22	51	27	51
16	23	57	27	55	24	57	28	54	29	60	24	52
17	22	58	27	54	21	59	25	51	30	59	31	9
18	21	55	26	60	22	58	24	52	37	8	32	9
19	28	54	25	57	29	57	23	9	37	3	39	8
20	27	1	24	58	30	6	36	10	36	2	40	7
21	36	2	23	5	33	5	35	7	35	1	37	6
22	35	9	32	6	34	4	34	8	34	1	38	5
23	34	10	31	3	31	3	33	3	33	2	33	4
24	33	7	40	4	32	2	32	4	32	9	34	3
25	32	8	39	1	39	1	31	1	31	10	31	2
26	31	5	38	2	40	10	40	2	40	7	32	1
27	40	6	37	9	37	7	39	9	39	8	49	20
28	39	3	36	10	38	8	30	10	40	15	50	19
29	38		35	7	35	5	37	17	47	16	47	18
30	37		34	8	36	14	46	18	46	13	48	17
31	46		33		43		45	15		14		16

2004年 —平成16年— Gold

日＼月	1	2	3	4	5	6	7	8	9	10	11	12
1	15	50	18	46	19	48	17	48	20	49	25	59
2	14	49	15	45	20	45	16	47	27	58	26	60
3	13	48	16	44	17	46	15	56	28	57	23	57
4	12	48	13	43	18	53	24	55	25	56	24	58
5	11	55	14	52	25	54	23	54	26	55	21	55
6	30	56	21	51	26	51	21	53	23	54	22	56
7	29	53	22	60	23	52	21	51	24	53	29	53
8	28	54	29	59	24	59	30	52	21	52	30	54
9	27	51	30	58	21	60	29	59	22	51	27	51
10	26	52	27	57	22	57	28	60	29	60	28	52
11	25	59	28	56	29	58	27	57	30	59	35	9
12	24	58	25	55	30	55	26	58	37	8	36	10
13	23	55	26	54	29	56	25	5	38	7	33	7
14	22	56	23	51	30	3	34	6	35	6	34	8
15	21	3	24	10	37	4	33	7	36	5	37	5
16	38	4	32	9	38	4	32	8	33	4	38	6
17	37	1	31	3	35	3	39	5	34	3	35	3
18	36	2	40	4	36	2	38	6	32	8	36	3
19	33	7	39	1	33	1	37	3	31	7	33	2
20	32	8	38	2	40	10	40	4	40	6	34	1
21	31	5	37	9	37	9	39	1	39	8	41	20
22	40	6	36	10	38	8	38	10	48	15	50	19
23	39	3	35	7	35	7	37	17	47	16	47	18
24	38	4	34	8	36	16	46	18	46	13	48	17
25	37	11	33	15	43	15	45	15	45	14	45	16
26	46	12	42	16	44	12	44	16	44	11	46	15
27	45	19	41	13	41	11	43	13	43	12	43	14
28	44	20	50	14	42	20	42	14	42	19	44	13
29	43	17	49	11	49	19	41	11	41	20	41	12
30	42		48	12	50	18	50	12	50	17	42	11
31	41		47		47		49	19		18		30

金

2005年 —平成17年— Silver

日＼月	1	2	3	4	5	6	7	8	9	10	11	12
1	29	54	21	51	26	51	22	53	23	54	22	56
2	28	53	22	60	23	52	21	52	24	53	29	53
3	27	52	29	59	24	59	30	51	21	52	30	54
4	26	52	30	58	21	60	29	60	22	51	27	51
5	25	59	27	57	22	57	28	59	29	60	28	52
6	24	60	28	56	29	58	28	58	30	59	35	9
7	23	57	25	55	30	55	26	58	37	8	36	10
8	22	58	26	54	27	56	25	5	38	7	33	7
9	21	5	23	53	28	3	34	6	35	6	34	8
10	40	6	24	2	35	4	33	3	36	5	31	5
11	39	3	31	1	36	1	32	4	33	4	32	6
12	38	2	32	10	33	2	31	1	34	3	39	3
13	37	9	39	9	36	9	40	2	31	2	40	4
14	36	10	40	8	33	10	39	9	32	1	37	1
15	33	7	37	5	34	7	38	4	39	10	34	2
16	32	8	37	4	31	9	37	1	40	9	41	19
17	31	5	36	3	32	8	34	2	47	18	42	20
18	38	6	35	7	39	7	33	19	47	13	49	18
19	37	11	34	8	40	16	42	20	46	12	50	17
20	46	12	33	15	43	15	45	17	45	11	47	16
21	45	19	42	16	44	14	44	18	44	11	48	15
22	44	20	41	13	41	13	43	13	43	12	43	14
23	43	17	50	14	42	12	42	14	42	19	44	13
24	42	18	49	11	49	11	41	11	41	20	41	12
25	41	15	48	12	50	20	50	12	50	17	42	11
26	50	16	47	19	47	17	49	19	49	18	59	30
27	49	13	46	20	48	16	48	20	58	25	60	29
28	48	14	45	17	45	15	47	27	57	26	57	28
29	47		44	18	46	24	56	28	56	23	58	27
30	56		43	25	53	23	55	25	55	24	55	26
31	55		52		54		54	26		21		25

銀

2006年 平成18年 Gold 金

日＼月	1	2	3	4	5	6	7	8	9	10	11	12
1	24	59	28	56	29	58	27	58	30	59	35	9
2	23	58	25	55	30	55	26	57	37	8	36	10
3	22	57	26	54	27	56	25	6	38	7	33	7
4	21	5	23	53	28	3	34	5	35	6	34	8
5	40	6	28	2	35	4	33	4	36	5	31	5
6	39	3	31	1	36	1	32	3	33	4	32	6
7	38	4	32	10	33	2	31	2	34	3	39	3
8	37	1	39	9	34	9	40	2	31	2	40	4
9	36	2	40	8	31	10	39	9	32	1	37	1
10	35	9	37	7	32	7	38	10	39	10	38	2
11	34	10	38	6	39	8	37	7	40	9	45	19
12	33	5	35	5	40	5	36	8	47	18	46	20
13	32	6	36	4	37	6	35	15	48	17	43	17
14	31	13	33	3	40	13	44	16	45	16	44	18
15	48	14	34	20	47	14	43	13	46	15	47	15
16	47	11	41	19	48	11	42	18	43	14	48	16
17	46	12	41	18	45	13	49	15	44	13	45	13
18	43	19	50	14	46	12	48	16	41	18	46	13
19	42	18	49	11	43	11	47	13	41	17	43	12
20	41	15	48	12	44	20	50	14	50	16	44	11
21	50	16	47	19	47	19	49	11	49	18	51	30
22	49	13	46	20	48	18	48	12	58	25	60	29
23	48	14	45	17	45	17	47	27	57	26	57	28
24	47	21	44	18	46	26	56	28	56	23	58	27
25	56	22	43	25	53	25	55	25	55	24	55	26
26	55	29	52	26	54	24	54	26	54	21	56	25
27	54	30	51	23	51	21	53	23	53	22	53	24
28	53	27	60	24	52	30	52	24	52	29	54	23
29	52		59	21	59	29	51	21	51	30	51	22
30	51		58	22	60	28	60	22	60	27	52	21
31	60		57		57		59	29		28		40

2007年 平成19年 Silver 銀

日＼月	1	2	3	4	5	6	7	8	9	10	11	12
1	39	4	31	1	36	1	32	3	33	4	32	6
2	38	3	32	10	33	2	31	2	34	3	39	3
3	37	2	39	9	34	9	40	1	31	2	40	4
4	36	2	40	8	31	10	39	10	32	1	37	1
5	35	9	37	7	32	7	38	9	39	10	38	2
6	34	10	38	6	39	8	37	8	40	9	45	19
7	33	7	35	5	40	5	36	7	47	18	46	20
8	32	8	36	4	37	6	35	15	48	17	43	17
9	31	15	33	3	38	13	44	16	45	16	44	18
10	50	16	34	12	45	14	43	13	46	15	41	15
11	49	13	41	11	46	11	42	14	43	14	42	16
12	48	12	42	20	43	12	41	11	44	13	49	13
13	47	19	49	19	44	19	50	12	41	12	50	14
14	46	20	50	18	43	20	49	19	42	11	47	11
15	45	17	47	15	44	17	48	20	49	20	48	12
16	42	18	48	14	41	18	47	11	50	19	51	29
17	41	15	46	13	42	18	44	12	57	28	52	30
18	50	16	45	17	49	17	43	29	58	27	59	28
19	47	21	44	18	50	26	52	30	56	22	60	27
20	56	22	43	25	57	25	55	27	55	21	57	26
21	55	29	52	26	54	24	54	28	54	30	58	25
22	54	30	51	23	51	23	53	25	53	22	55	24
23	53	27	60	24	52	22	52	24	52	29	54	23
24	52	28	59	21	59	21	51	21	51	30	51	22
25	51	25	58	22	60	30	60	22	60	27	52	21
26	60	26	57	29	57	29	59	29	59	28	9	40
27	59	23	56	30	58	26	58	30	8	35	10	39
28	58	24	55	27	55	25	57	37	7	36	7	38
29	57		54	28	56	34	6	38	6	33	8	37
30	6		53	35	3	33	5	35	5	34	5	36
31	5		2		4		4	36		31		35

2008年 —平成20年— Gold

日＼月	1	2	3	4	5	6	7	8	9	10	11	12
1	34	9	35	5	40	5	36	7	47	18	46	20
2	33	8	36	4	37	6	35	16	48	17	43	17
3	32	7	33	3	38	13	44	15	45	16	44	18
4	31	15	34	12	45	14	43	14	46	15	41	15
5	50	16	41	11	46	11	42	13	43	14	42	16
6	49	13	42	20	43	12	42	12	44	13	49	13
7	48	14	49	19	44	19	50	12	41	12	50	14
8	47	11	50	18	41	20	49	19	42	11	47	11
9	46	12	47	17	42	17	48	20	49	20	48	12
10	45	19	48	16	49	18	47	17	50	19	55	29
11	44	20	45	15	50	15	46	18	57	28	56	30
12	43	15	46	14	47	16	45	25	58	27	53	27
13	42	16	43	13	50	23	54	26	55	26	54	28
14	41	23	44	30	57	24	53	23	56	25	51	25
15	60	24	51	29	58	21	52	28	53	24	58	26
16	57	21	51	28	55	23	51	25	54	23	55	23
17	56	22	60	24	56	22	58	26	51	22	56	24
18	55	29	59	21	53	21	57	23	51	27	53	22
19	52	28	58	22	54	30	56	24	60	26	54	21
20	51	25	57	29	57	29	59	21	59	25	1	40
21	60	26	56	30	58	28	58	22	8	35	2	39
22	59	23	55	27	55	27	57	37	7	36	7	38
23	58	24	54	28	56	36	6	38	6	33	8	37
24	57	31	53	35	3	35	5	35	5	34	5	36
25	6	32	2	36	4	34	4	36	4	31	6	35
26	5	39	1	33	1	31	3	33	3	32	3	34
27	4	40	10	34	2	40	2	34	2	39	4	33
28	3	37	9	31	9	39	1	31	1	40	1	32
29	2	38	8	32	10	38	10	32	10	37	2	31
30	1		7	39	7	37	9	39	9	38	19	50
31	10		6		8		8	40		45		49

2009年 —平成21年— Silver

日＼月	1	2	3	4	5	6	7	8	9	10	11	12
1	48	13	42	20	43	12	41	12	44	13	49	13
2	47	12	49	19	44	19	50	11	41	12	50	14
3	46	11	50	18	41	20	49	20	42	11	47	11
4	45	19	47	17	42	17	48	19	49	20	48	12
5	44	20	48	16	49	18	47	18	50	19	55	29
6	43	17	45	15	50	15	46	17	57	28	56	30
7	42	18	46	14	47	16	45	25	58	27	53	27
8	41	25	43	13	48	23	54	26	55	26	54	28
9	60	26	44	22	55	24	53	23	56	25	51	25
10	59	23	51	21	56	21	52	24	53	24	52	26
11	58	24	52	30	53	22	51	21	54	23	59	23
12	57	29	59	29	54	29	60	22	51	22	60	24
13	56	30	60	28	53	30	59	29	52	21	57	21
14	55	27	57	27	54	27	58	30	59	30	58	22
15	52	28	58	24	51	28	57	21	60	29	1	39
16	51	25	56	23	52	28	56	22	7	38	2	40
17	60	26	55	22	59	27	53	39	8	37	9	37
18	57	33	54	28	60	36	2	40	6	32	10	37
19	6	32	53	35	7	35	1	37	5	31	7	36
20	5	39	2	36	4	34	4	38	4	40	8	35
21	4	40	1	33	1	33	3	35	3	32	5	34
22	3	37	10	34	2	32	2	34	2	39	4	33
23	2	38	9	31	9	31	1	31	1	40	1	32
24	1	35	8	32	10	40	10	32	10	37	2	31
25	10	36	7	39	7	39	9	39	9	38	19	50
26	9	33	6	40	8	36	8	40	18	45	20	49
27	8	34	5	37	5	35	7	47	17	46	17	48
28	7	41	4	38	6	44	16	48	16	43	18	47
29	16		3	45	13	43	15	45	15	44	15	46
30	15		12	46	14	42	14	46	14	41	16	45
31	14		11		11		13	43		42		44

2010年 平成22年 Gold

日＼月	1	2	3	4	5	6	7	8	9	10	11	12
1	43	18	45	15	50	15	46	17	57	28	56	30
2	42	17	46	14	47	16	45	26	58	27	53	27
3	41	26	43	13	48	23	54	25	55	26	54	28
4	60	26	44	22	55	24	53	24	56	25	51	25
5	59	23	55	21	56	21	52	23	53	24	52	26
6	58	24	52	30	53	22	51	22	54	23	59	23
7	57	21	59	29	54	29	60	22	51	22	60	24
8	56	22	60	28	51	30	59	29	52	21	57	21
9	55	29	57	27	52	27	58	30	59	30	58	22
10	54	30	58	26	59	28	57	27	60	29	5	39
11	53	27	55	25	60	25	56	28	7	38	6	40
12	52	26	56	24	57	26	55	35	8	37	3	37
13	51	33	53	23	60	33	4	36	5	36	4	38
14	10	34	54	32	7	34	3	33	6	35	1	35
15	7	31	1	39	8	31	2	38	3	34	8	36
16	6	32	2	38	5	32	1	35	4	33	5	33
17	5	39	10	37	6	32	8	36	1	32	6	34
18	2	40	9	31	3	31	7	33	2	37	3	32
19	1	35	8	32	4	40	6	34	10	36	4	31
20	10	36	7	39	7	39	9	31	9	35	11	50
21	9	33	6	40	8	38	8	32	18	45	12	49
22	8	34	5	37	5	37	7	47	17	46	17	48
23	7	41	4	38	6	46	16	48	16	43	18	47
24	16	42	3	45	13	45	15	45	15	44	15	46
25	15	49	12	46	14	44	14	46	14	41	16	45
26	14	50	11	43	11	43	13	43	13	42	13	44
27	13	47	20	44	12	50	12	44	12	49	14	43
28	12	48	19	41	19	49	11	41	11	50	11	42
29	11		18	42	20	48	20	42	20	47	12	41
30	20		17	49	17	47	19	49	19	48	29	60
31	19		16		18		18	50		55		59

2011年 平成23年 Silver

日＼月	1	2	3	4	5	6	7	8	9	10	11	12
1	58	23	52	30	53	22	51	22	54	23	59	23
2	57	22	59	29	54	29	60	21	51	22	60	24
3	56	21	60	28	51	30	59	30	52	21	57	21
4	55	29	57	27	52	27	58	29	59	30	58	22
5	54	30	52	26	59	28	57	28	60	29	5	39
6	53	27	55	25	60	25	56	27	7	38	6	40
7	52	28	56	24	57	26	55	36	8	37	3	37
8	51	35	53	23	58	33	4	36	5	36	4	38
9	10	36	54	32	5	34	3	33	6	35	1	35
10	9	33	1	31	6	31	2	34	3	34	2	36
11	8	34	2	40	3	32	1	31	4	33	9	33
12	7	39	9	39	4	39	10	32	1	32	10	34
13	6	40	10	38	1	40	9	39	2	31	7	31
14	5	37	7	37	4	37	8	40	9	40	8	32
15	4	38	8	34	1	38	7	37	10	39	15	49
16	1	35	5	33	2	35	6	32	17	48	12	50
17	10	36	5	32	9	37	3	49	18	47	19	47
18	9	43	4	38	10	46	12	50	15	46	20	47
19	16	42	3	45	17	45	11	47	15	41	17	46
20	15	49	12	46	18	44	14	48	14	50	18	45
21	14	50	11	43	11	43	13	45	13	49	15	44
22	13	47	20	44	12	42	12	46	12	49	16	43
23	12	48	19	41	19	41	11	41	11	50	11	42
24	11	45	18	42	20	50	20	42	20	47	12	41
25	20	46	17	49	17	49	19	49	19	48	29	60
26	19	43	16	50	18	48	18	50	28	55	30	59
27	18	44	15	47	15	45	17	57	27	56	27	58
28	17	51	14	48	16	54	26	58	26	53	20	57
29	26		13	55	23	53	25	55	25	54	25	56
30	25		22	56	24	52	24	56	24	51	26	55
31	24		21		21		23	53		52		54

2012年 —平成24年— Gold 金

日＼月	1	2	3	4	5	6	7	8	9	10	11	12
1	53	28	56	24	57	26	55	36	8	37	3	37
2	52	27	53	23	58	33	4	35	5	36	4	38
3	51	36	54	32	5	34	3	34	6	35	1	35
4	10	36	1	31	6	31	2	33	3	34	2	36
5	9	33	2	40	3	32	1	32	4	33	9	33
6	8	34	9	39	4	39	9	31	1	32	10	34
7	7	31	10	38	1	40	9	39	2	31	7	31
8	6	32	7	37	2	37	8	40	9	40	8	32
9	5	39	8	36	9	38	7	37	10	39	15	49
10	4	40	5	35	10	35	6	38	17	48	16	50
11	3	37	6	34	7	36	5	45	18	47	13	47
12	2	36	3	33	8	43	14	46	15	46	14	48
13	1	43	4	42	17	44	13	43	16	45	11	45
14	20	44	11	49	18	41	12	44	13	44	12	46
15	19	41	12	48	15	42	11	45	14	43	15	43
16	16	42	20	47	16	42	20	46	11	42	16	44
17	15	49	19	41	13	41	17	43	12	41	13	41
18	14	50	18	42	14	50	16	44	20	46	14	41
19	11	45	17	49	11	49	15	41	19	45	21	60
20	20	46	16	50	18	48	18	42	28	54	22	59
21	19	43	15	47	15	47	17	59	27	46	29	58
22	18	44	14	48	16	56	26	58	26	53	28	57
23	17	51	13	55	23	55	25	55	25	54	25	56
24	26	52	22	56	24	54	24	56	24	51	26	55
25	25	59	21	53	21	53	23	53	23	52	23	54
26	24	60	30	54	22	60	22	54	22	59	24	53
27	23	57	29	51	29	59	21	51	21	60	21	52
28	22	58	28	52	30	58	30	52	30	57	22	51
29	21	55	27	59	27	57	29	59	29	58	39	10
30	30		26	60	28	56	28	60	38	5	40	9
31	29		25		25		27	7		6		8

2013年 —平成25年— Silver 銀

日＼月	1	2	3	4	5	6	7	8	9	10	11	12
1	7	32	9	39	4	39	10	31	1	32	10	34
2	6	31	10	38	1	40	9	40	2	31	7	31
3	5	40	7	37	2	37	8	39	9	40	8	32
4	4	40	8	36	9	38	7	38	10	39	15	49
5	3	37	5	35	10	35	6	37	17	48	16	50
6	2	38	6	34	7	36	6	46	18	47	13	47
7	1	45	3	33	8	43	14	46	15	46	14	48
8	20	46	4	42	15	44	13	43	16	45	11	45
9	19	43	11	41	16	41	12	44	13	44	12	46
10	18	44	12	50	13	42	11	41	14	43	19	43
11	17	41	19	49	14	49	20	42	11	42	20	44
12	16	50	20	48	11	50	19	49	12	41	17	41
13	15	47	17	47	14	47	18	50	19	50	18	42
14	14	48	18	46	11	48	17	47	20	49	25	59
15	11	45	15	43	12	45	16	42	27	58	22	60
16	20	46	15	42	19	47	15	59	28	57	29	57
17	19	53	14	41	20	56	22	60	25	56	30	58
18	26	54	13	55	27	55	21	57	25	51	27	56
19	25	59	22	56	28	54	30	58	24	60	28	55
20	24	60	21	53	21	53	23	55	23	59	25	54
21	23	57	30	54	22	52	22	56	22	59	26	53
22	22	58	29	51	29	51	21	51	21	60	21	52
23	21	55	28	52	30	60	30	52	30	57	22	51
24	30	56	27	59	27	59	29	59	29	58	39	10
25	29	53	26	60	28	58	28	60	38	5	40	9
26	28	54	25	57	25	55	27	7	37	6	37	8
27	27	1	24	58	26	4	36	8	36	3	38	7
28	36	2	23	5	33	3	35	5	35	4	35	6
29	35		32	6	34	2	34	6	34	1	36	5
30	34		31	3	31	1	33	3	33	2	33	4
31	33		40		32		32	4		9		3

2014年 ―平成26年― Gold

日＼月	1	2	3	4	5	6	7	8	9	10	11	12
1	2	37	6	34	7	36	5	46	18	47	13	47
2	1	46	3	33	8	43	14	45	15	46	14	48
3	20	45	4	42	15	44	13	44	16	45	11	45
4	19	43	11	41	16	41	12	43	13	44	12	46
5	18	44	12	50	13	42	11	42	14	43	19	43
6	17	41	19	49	14	49	20	41	11	42	20	44
7	16	42	20	48	11	50	19	49	12	41	17	41
8	15	49	17	47	12	47	18	50	19	50	18	42
9	14	50	18	46	19	48	17	47	20	49	25	59
10	13	47	15	45	20	45	16	48	27	58	26	60
11	12	48	16	44	17	46	15	55	28	57	23	57
12	11	53	13	43	18	53	24	56	25	56	24	58
13	30	54	14	52	27	54	23	53	26	55	21	55
14	29	51	21	51	28	51	22	54	23	54	22	56
15	26	52	22	58	25	52	21	55	24	53	25	53
16	25	59	29	57	26	59	30	56	21	52	26	54
17	24	60	29	56	23	51	27	53	22	51	23	51
18	21	57	28	52	24	60	26	54	29	56	24	51
19	30	56	27	59	21	59	25	51	29	55	31	10
20	29	53	26	60	28	58	28	52	38	4	32	9
21	28	54	25	57	25	57	27	9	37	6	39	8
22	27	1	24	58	26	6	36	8	36	3	38	7
23	36	2	23	5	33	5	35	5	35	4	35	6
24	35	9	32	6	34	4	34	6	34	1	36	5
25	34	10	31	3	31	3	33	3	33	2	33	4
26	33	7	40	4	32	2	32	4	32	9	34	3
27	32	8	39	1	39	9	31	1	31	10	31	2
28	31	5	38	2	40	8	40	2	40	7	32	1
29	40		37	9	37	7	39	9	39	8	49	20
30	39		36	10	38	6	38	10	48	15	50	19
31	38		35		35		37	17		16		18

2015年 ―平成27年― Silver

日＼月	1	2	3	4	5	6	7	8	9	10	11	12
1	17	42	19	49	14	49	20	41	11	42	20	44
2	16	41	20	48	11	50	19	50	12	41	17	41
3	15	50	17	47	12	47	18	49	19	50	18	42
4	14	50	18	46	19	48	17	48	20	49	25	59
5	13	47	15	45	20	45	16	47	27	58	26	60
6	12	48	16	44	17	46	15	56	28	57	23	57
7	11	55	13	43	18	53	24	55	25	56	24	58
8	30	56	14	52	25	54	23	53	26	55	21	55
9	29	53	21	51	26	51	22	54	23	54	22	56
10	28	54	22	60	23	52	21	51	24	53	29	53
11	27	51	29	59	24	59	30	52	21	52	30	54
12	26	60	30	58	21	60	29	59	22	51	27	51
13	25	57	27	57	22	57	28	60	29	60	28	52
14	24	58	28	56	21	58	27	57	30	59	35	9
15	23	55	25	53	22	55	26	58	37	8	36	10
16	30	56	26	52	29	56	25	9	38	7	39	7
17	29	3	24	51	30	6	32	10	35	6	40	8
18	38	4	23	5	37	5	31	7	36	1	37	6
19	35	9	32	6	38	4	40	8	34	10	38	5
20	34	10	31	3	35	3	33	5	33	9	35	4
21	33	7	40	4	32	2	32	6	32	9	36	3
22	32	8	39	1	39	1	31	3	31	10	33	2
23	31	5	38	2	40	10	40	2	40	7	32	1
24	40	6	37	9	37	9	39	9	39	8	49	20
25	39	3	36	10	38	8	38	10	48	15	50	19
26	38	4	35	7	35	7	37	17	47	16	47	18
27	37	11	34	8	36	14	46	18	46	13	48	17
28	46	12	33	15	43	13	45	15	45	14	45	16
29	45		42	16	44	12	44	16	44	11	46	15
30	44		41	13	41	11	43	13	43	12	43	14
31	43		50		42		42	14		19		13

2016年 —平成28年— Gold 金

日＼月	1	2	3	4	5	6	7	8	9	10	11	12
1	12	47	13	43	18	53	24	55	25	56	24	58
2	11	56	14	52	25	54	23	54	26	55	21	55
3	30	55	21	51	26	51	22	53	23	54	22	56
4	29	53	22	60	23	52	21	52	24	53	29	53
5	28	54	29	59	24	59	30	51	21	52	30	54
6	27	51	30	58	21	60	30	60	22	51	27	51
7	26	52	27	57	22	57	28	60	29	60	28	52
8	25	59	28	56	29	58	27	57	30	59	35	9
9	24	60	25	55	30	55	26	58	37	8	36	10
10	23	57	26	54	27	56	25	5	38	7	33	7
11	22	58	23	53	28	3	34	6	35	6	34	8
12	21	3	24	2	35	4	33	3	36	5	31	5
13	40	4	31	1	38	1	32	4	33	4	32	6
14	39	1	32	8	35	2	31	1	34	3	39	3
15	38	2	39	7	36	9	40	6	31	2	36	4
16	35	9	39	6	33	1	39	3	32	1	33	1
17	34	10	38	2	34	10	36	4	39	10	34	2
18	33	7	37	9	31	9	35	1	39	5	41	20
19	40	6	36	10	32	8	34	2	48	14	42	19
20	39	3	35	7	35	7	37	19	47	13	49	18
21	38	4	34	8	36	16	46	20	46	13	50	17
22	37	11	33	15	43	15	45	15	45	14	45	16
23	46	12	42	16	44	14	44	16	44	11	46	15
24	45	19	41	13	41	13	43	13	43	12	43	14
25	44	20	50	14	42	12	42	14	42	19	44	13
26	43	17	49	11	49	19	41	11	41	20	41	12
27	42	18	48	12	50	18	50	12	50	17	42	11
28	41	15	47	19	47	17	49	19	49	18	59	30
29	50	16	46	20	48	16	48	20	58	25	60	29
30	49		45	17	45	15	47	27	57	26	57	28
31	48		44		46		56	28		23		27

2017年 —平成29年— Silver 銀

日＼月	1	2	3	4	5	6	7	8	9	10	11	12
1	26	51	30	58	21	60	29	60	22	51	27	51
2	25	60	27	57	22	57	28	59	29	60	28	52
3	24	59	28	56	29	58	27	58	30	59	35	9
4	23	57	25	55	30	55	26	57	37	8	36	10
5	22	58	26	54	27	56	25	6	38	7	33	7
6	21	5	23	53	28	3	33	5	35	6	34	8
7	40	6	24	2	35	4	33	3	36	5	31	5
8	39	3	31	1	36	1	32	4	33	4	32	6
9	38	4	32	10	33	2	31	1	34	3	39	3
10	37	1	39	9	34	9	40	2	31	2	40	4
11	36	2	40	8	31	10	39	9	32	1	37	1
12	35	7	37	7	32	7	38	10	39	10	38	2
13	34	8	38	6	31	8	37	7	40	9	45	19
14	33	5	35	3	32	5	36	8	47	18	46	20
15	40	6	36	2	39	6	35	19	48	17	49	17
16	39	13	34	1	40	16	44	20	45	16	50	18
17	48	14	33	15	47	15	41	17	46	15	47	15
18	45	11	42	16	48	14	50	18	44	20	48	15
19	44	20	41	13	45	13	49	15	43	19	45	14
20	43	17	50	14	42	12	42	16	42	18	46	13
21	42	18	49	11	49	11	41	13	41	20	43	12
22	41	15	48	12	50	20	50	12	50	17	42	11
23	50	16	47	19	47	19	49	19	49	18	59	30
24	49	13	46	20	48	18	48	20	58	25	60	29
25	48	14	45	17	45	17	47	27	57	26	57	28
26	47	21	44	18	46	24	56	28	56	23	58	27
27	56	22	43	25	53	23	55	25	55	24	55	26
28	55	29	52	26	54	22	54	26	54	21	56	25
29	54		51	23	51	21	53	23	53	22	53	24
30	53		60	24	52	30	52	24	52	29	54	23
31	52		59		59		51	21		30		22

2018年 ―平成30年― Gold 金

日＼月	1	2	3	4	5	6	7	8	9	10	11	12
1	21	6	23	53	28	3	34	5	35	6	34	8
2	40	5	24	2	35	4	33	4	36	5	31	5
3	39	4	31	1	36	1	32	3	33	4	32	6
4	38	4	32	10	33	2	31	2	34	3	39	3
5	37	1	33	9	34	9	40	1	31	2	40	4
6	36	2	40	8	31	10	39	10	32	1	37	1
7	35	9	37	7	32	7	38	10	39	10	38	2
8	34	10	38	6	39	8	37	7	40	9	45	19
9	33	7	35	5	40	5	36	8	47	18	46	20
10	32	8	36	4	37	6	35	15	48	17	43	17
11	31	15	33	3	38	13	44	16	45	16	44	18
12	50	14	34	12	45	14	43	13	46	15	41	15
13	49	11	41	11	48	11	42	14	43	14	42	16
14	48	12	42	20	45	12	41	11	44	13	49	13
15	45	19	49	17	46	19	50	16	41	12	46	14
16	44	20	50	16	43	20	49	13	42	11	43	11
17	43	17	48	15	44	20	46	14	49	20	44	12
18	50	18	47	19	41	19	45	11	50	15	51	30
19	49	13	46	20	42	18	44	12	58	24	52	29
20	48	14	45	17	45	17	47	29	57	23	59	28
21	47	21	44	18	46	26	56	30	56	23	60	27
22	56	22	43	25	53	25	55	25	55	24	55	26
23	55	29	52	26	54	24	54	26	54	21	56	25
24	54	30	51	23	51	23	53	23	53	22	53	24
25	53	27	60	24	52	22	52	24	52	29	54	23
26	52	28	59	21	59	21	51	21	51	30	51	22
27	51	25	58	22	60	28	60	22	60	27	52	21
28	60	26	57	29	57	27	59	29	59	28	9	40
29	59		56	30	58	26	58	30	8	35	10	39
30	58		55	27	55	25	57	37	7	36	7	38
31	57		54		56		6	38		33		37

2019年 ―平成31年 令和元年― Silver 銀

日＼月	1	2	3	4	5	6	7	8	9	10	11	12
1	36	1	40	8	31	10	39	10	32	1	37	1
2	35	10	37	7	32	7	38	9	39	10	38	2
3	34	9	38	6	39	8	37	8	40	9	45	19
4	33	7	35	5	40	5	36	7	47	18	46	20
5	32	8	40	4	37	6	35	16	48	17	43	17
6	31	15	33	3	38	13	44	15	45	16	44	18
7	50	16	34	12	45	14	43	14	46	15	41	15
8	49	13	41	11	46	11	42	14	43	14	42	16
9	48	14	42	20	43	12	41	11	44	13	49	13
10	47	11	49	19	44	19	50	12	41	12	50	14
11	46	12	50	18	41	20	49	19	42	11	47	11
12	45	17	47	17	42	17	48	20	49	20	48	12
13	44	18	48	16	49	18	47	17	50	19	55	29
14	43	15	45	15	42	15	46	18	57	28	56	30
15	42	16	46	12	49	16	45	25	58	27	53	27
16	49	23	43	11	50	23	54	30	55	26	60	28
17	58	24	43	30	57	25	51	27	56	25	57	25
18	57	21	52	26	58	24	60	28	53	30	58	25
19	54	30	51	23	55	23	59	25	53	29	55	24
20	53	27	60	24	56	22	52	26	52	28	56	23
21	52	28	59	21	59	21	51	23	51	30	53	22
22	51	25	58	22	60	30	60	24	60	27	54	21
23	60	26	57	29	57	29	59	29	59	28	9	40
24	59	23	56	30	58	28	58	30	8	35	10	39
25	58	24	55	27	55	27	57	37	7	36	7	38
26	57	31	54	28	56	36	6	38	6	33	8	37
27	6	32	53	35	3	33	5	35	5	34	5	36
28	5	37	2	36	4	32	4	36	4	31	6	35
29	4		1	33	1	31	3	33	3	32	3	34
30	3		10	34	2	40	2	34	2	39	4	33
31	2		9		9		1	31		40		32

2020年 ―令和2年― Gold

日＼月	1	2	3	4	5	6	7	8	9	10	11	12
1	31	16	34	12	45	14	43	14	46	15	41	15
2	50	15	41	11	46	11	42	13	43	14	42	16
3	49	14	42	20	43	12	41	12	44	13	49	13
4	48	14	49	19	44	19	50	11	41	12	50	14
5	47	11	50	18	41	20	49	20	42	11	47	11
6	46	12	47	17	42	17	47	19	49	20	48	12
7	45	19	48	16	49	18	47	17	50	19	55	29
8	44	20	45	15	50	15	46	18	57	28	56	30
9	43	17	46	14	47	16	45	25	58	27	53	27
10	42	18	43	13	48	23	54	26	55	26	54	28
11	41	25	44	22	55	24	53	23	56	25	51	25
12	60	24	51	21	56	21	52	24	53	24	52	26
13	59	21	52	30	55	22	51	21	54	23	59	23
14	58	22	59	27	56	29	60	22	51	22	60	24
15	57	29	60	26	53	30	59	23	52	21	53	21
16	54	30	58	25	54	30	58	24	59	30	54	22
17	53	27	57	29	51	29	55	21	60	29	1	39
18	52	28	56	30	52	28	54	22	8	34	2	39
19	59	23	55	27	59	27	53	39	7	33	9	38
20	58	24	54	28	56	36	6	40	6	32	10	37
21	57	31	53	35	3	35	5	37	5	34	7	36
22	6	32	2	36	4	34	4	36	4	31	6	35
23	5	39	1	33	1	33	3	33	3	32	3	34
24	4	40	10	34	2	32	2	34	2	39	4	33
25	3	37	9	31	9	31	1	31	1	40	1	32
26	2	38	8	32	10	38	10	32	10	37	2	31
27	1	35	7	39	7	37	9	39	9	38	19	50
28	10	36	6	40	8	36	8	40	18	45	20	49
29	9	33	5	37	5	35	7	47	17	46	17	48
30	8		4	38	6	44	16	48	16	43	18	47
31	7		3		13		15	45		44		46

2021年 ―令和3年― Silver

日＼月	1	2	3	4	5	6	7	8	9	10	11	12
1	45	20	47	17	42	17	48	19	49	20	48	12
2	44	19	48	16	49	18	47	18	50	19	55	29
3	43	17	45	15	50	15	46	17	57	28	56	30
4	42	18	46	14	47	16	45	26	58	27	53	27
5	41	25	43	13	48	23	54	25	55	26	54	28
6	60	26	44	22	55	24	53	24	56	25	51	25
7	59	23	51	21	56	21	52	24	53	24	52	26
8	58	24	52	30	53	22	51	21	54	23	59	23
9	57	21	59	29	54	29	60	22	51	22	60	24
10	56	22	60	28	51	30	59	29	52	21	57	21
11	55	27	57	27	52	27	58	30	59	30	58	22
12	54	28	58	26	59	28	57	27	60	29	5	39
13	53	25	55	25	52	25	56	28	7	38	6	40
14	52	26	56	22	59	26	55	35	8	37	3	37
15	59	33	53	21	60	33	4	40	5	36	10	38
16	8	34	53	40	7	35	3	37	6	35	7	35
17	7	31	2	36	8	34	10	38	3	34	8	36
18	4	40	1	33	5	33	9	35	3	39	5	34
19	3	37	10	34	6	32	8	36	2	38	6	33
20	2	38	9	31	9	31	1	33	1	37	3	32
21	1	35	8	32	10	40	10	34	10	37	4	31
22	10	36	7	39	7	39	9	39	9	38	19	50
23	9	33	6	40	8	38	8	40	18	45	20	49
24	8	34	5	37	5	37	7	47	17	46	17	48
25	7	41	4	38	6	44	16	48	16	43	18	47
26	16	42	3	45	13	43	15	45	15	44	15	46
27	15	49	12	46	14	42	14	46	14	41	16	45
28	14	50	11	43	11	41	13	43	13	42	13	44
29	13		20	44	12	50	12	44	12	49	14	43
30	12		19	41	19	49	11	41	11	50	11	42
31	11		18		20		20	42		47		41

Getters Iida Getters Iida
Better Fortune Book

第一章

ゲッターズ飯田の五星三心占いによる
12タイプの開運3ヵ条と金運・結婚運・出世運

開運とは、決断のタイミングを掴むことです。その絶好のタイミングを
知るためには、まず〝自分を知ること〟が第一歩となります。
自分は何者なのか? 自分の幸せとはどこにあるのか?
何を尊び何を幸福とするかは、人それぞれ違います。
お金よりも人との繋がりに幸福を感じる人も珍しくありません。
ここでは、より自分に合った開運方法を
五星三心占いに基づいた3ヵ条としてお伝えします。
また、五星三心占いの、「五星」を象徴する五欲、
「自我欲」「表現欲」「金欲」「地位欲」「名誉欲」について、
あなたに合った成功法則を
総合運、恋愛運、結婚運、金運、出世運としてお伝えします。

第一章の読み方

本章では、五星三心占いで導き出される12タイプ別の、もっとも基本的な開運3ヵ条や、本当の自分がわかる「本性」のほか、「総合運」「恋愛運」「結婚運」「金運」「出世運」、さらに開運のための10個のキーワードを掲載しています。12タイプ別の年度版（朝日新聞出版社刊）と合わせて読むことで、自分の基本的な性格や運気の傾向がより深くわかります。

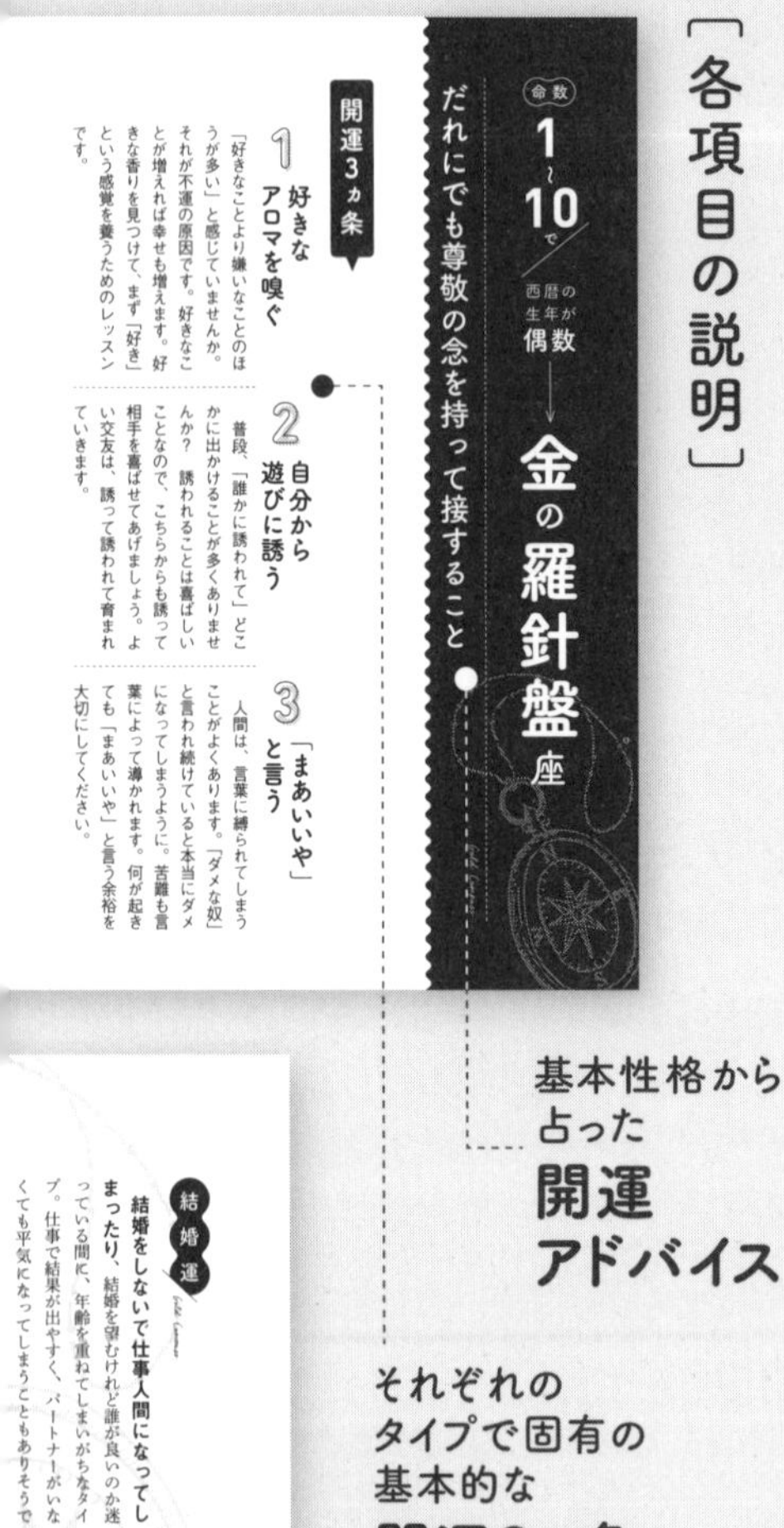
金運
お金を稼ぐ能力が高く、お金だけのことを考えて生きたほうが、ドンドンお金に恵まれるでしょう。人間関係や権力、自分のプライドにこだわるよりも「すべてはお金のため」そう思って知恵を絞れば、能力が開花したり、苦労も前
60

各タイプ本来の
「総合運」
「恋愛運」
「結婚運」
「金運」
「出世運」を掲載

年ごとの
運気によらない、
本当の自分が
わかる
「本性」

第一章／五星三心占いによる12タイプの開運3ヵ条と金運・結婚運・出世運
金の羅針盤座｜Gold Compass

金の羅針盤座の本性

クールに見えて中身は意外な芸術家

真面目で正義感の強いタイプです。行動力と決断力には優れていますが、好きなこと以外には全く目を向けないところがあり、人付き合いが苦手でしょう。何事もネガティブに捉えてしまったり、マイナスな発言が増えてしまうことも。**アイデアを生み出す才能があり、**人間関係を上手にすることで認められチャンスを掴むこともできるでしょう。まず、自分が正しいと思い込まな…
もいいでしょう。…
誘うように努める…
しましょう。コミ…

いによる12タイプの開運3ヵ条と金運・結婚運・出世運
Gold Compass

総合運

表面と内面が大きく違うタイプ。普段は、礼儀正しく、真面目で正義感の強い上品な人。クールな印象がありますが、見た目とは違う性格を持った人です。実は、かなりサボり人だったり、好きなことがなかなか見つからないで人生をフラフラすることが多いでしょう。

根は真面目なので大きく外れることは少ないですが、**周囲にいる人に振り回されやすい**ので人間関係に注意が必要かも。

感性が豊かで芸術的才能や独自のセンスを持ち、周囲から一目置かれるような生き方をすることもあるでしょう。

ややネガティブな発言やマイナス思考が表面に出てしまう場合もあり、ポジティブな言葉を使うように心掛けるだけで人生が大きく前に進み始めそう。

人間関係は上手…
ったり、友人や知…
不信になってしま…
人がいた」と割…
えるようにし…
自分が正しいと…
因で未来が明るく…
事を考え、ときに…
も自分も許すこと…
自ら遊びに誘うよ…
出向き、コミュニ…
運気の流れをわ…
しょう。

恋愛運

上品で頭の回転の速い、独自のセンスを光らせる人を好きになるタイプ。

恋は奥手に見えますが、冷静に異性を見極めているだけ。本気で好きな人ができると、**突然積極的になったり、空回りをするくらい強引になることもある**でしょう。ただ、相手へのチェックが厳しく、「お礼」「挨拶」などマナーやルールを気にし過ぎて、恋のチャンスを自ら逃してしまうことも。そこへ経済的安定を求めたり、家庭環境まで気にし始めると、ドンドン恋のチャンスは遠のきそう。

プライドが高いので、直接的な告白は苦手で、近くにいたり、マメに連絡をすることで「好き

諦めてしまうことも。自分をさらけ出すことが苦手なため、相手からは「不思議な人」と思われただけになることも多そうです。

ネガティブな発言は恋のチャンスを遠ざけるので、嘘でもいいのでポジティブなことを言うようにしましょう。

恋愛 開運3ヵ条

1. 知り合いや友人からの紹介を大切に
2. 気楽に異性を誘ってみる
3. 相手の話は笑顔で楽しそうに聞くこと

「恋愛」に
限定した
開運3ヵ条

第一章／五星三心占いによる12タイプの開運3ヵ条と金運・結婚運・出世運
金の羅針盤座｜Gold Compass

他には、**お見合いをすると結婚に話が進みやすい**でしょう。結婚後は家庭に落ち着くことのほうが少なく、仕事と家庭の両立を望みそう。ただ、職場で能力を認められていない場合は、ドップリ家庭に入ってしまうことがありそうです。

ことがあるので気を付けましょう。情にもろく、お金の貸し借りが人生を最悪な方向に進める場合があるので、少額でも、どんな人でも貸し借りはしないようにしましょう。

出世運

アイデアや芸術的仕事、物作りに関わることができると能力を開花させることができるでしょう。

人間関係が不得意なほうなので、職場の人間関係がネックで転職を繰り返してしまったり、自分の好きな仕事を追い求め過ぎてしまうこともあるので、自ら出世のチャンスを逃すこともありそうです。

「お金のため」だと割り切ると人の上に立てる人。また、出世をすると収入が上がるような仕事だと、力を発揮させることができそうです。

そもそも礼儀正しいタイプで、上司や目上の方に好かれ、チャンスを掴むことも多そうです。笑顔と愛嬌を忘れないように心掛けておきましょう。

金の羅針盤座の 開運キーワード 10

1. 嘘でも良いのでポジティブな発言をする
2. 自分の生き方を正しいと思い込まない
3. 「まあいいや」を口癖にする
4. 上品な服を着る
5. 挨拶やマナーはしっかり守る
6. 丁寧な言葉遣いを心掛ける
7. 物作りの趣味を持つ
8. ポジティブな人と遊ぶ
9. 「絶対おかしい」と言わない
10. 何事にも「それが何か?」と思う

61

各タイプ別の
開運
キーワード

命数 1~10で
西暦の生年が偶数
↓

金の羅針盤座

だれにでも尊敬の念を持って接すること

開運3ヵ条

1 好きなアロマを嗅ぐ

「好きなことより嫌いなことのほうが多い」と感じていませんか。それが不運の原因です。好きなことが増えれば幸せも増えます。好きな香りを見つけて、まず「好き」という感覚を養うためのレッスンです。

2 自分から遊びに誘う

普段、「誰かに誘われて」どこかに出かけることが多くありませんか？ 誘われることは喜ばしいことなので、こちらからも誘って相手を喜ばせてあげましょう。よい交友は、誘って誘われて育まれていきます。

3 「まあいいや」と言う

人間は、言葉に縛られてしまうことがよくあります。「ダメな奴」と言われ続けていると本当にダメになってしまうように。苦難も言葉によって導かれます。何が起きても「まあいいや」と言う余裕を大切にしてください。

金の羅針盤座の本性

Gold Compass

クールに見えて中身は意外な芸術家

真面目で正義感の強いタイプです。行動力と決断力には優れていますが、好きなこと以外には全く目を向けないところがあり、人付き合いが苦手でしょう。何事もネガティブに捉えてしまったり、マイナスな発言が増えてしまうことも。**アイデアを生み出す才能があり**、人間関係を上手にすることで認められチャンスを摑むこともできるでしょう。まず、自分が正しいと思い込まないで、楽観的に物事を考え、ときには周囲に弱音を吐いてもいいでしょう。交友の秘訣は、なるべく**聞き役になる**こと。自ら遊びに誘うように努めるとよいです。人の集まる場所に出向いて、たくさん対話をしましょう。コミュニケーションで開運が始まります。

総合運

Gold Compass

表面と内面が大きく違うタイプ。普段は、礼儀正しく、真面目で正義感の強い上品な人。クールな印象がありますが、見た目とは違う性格を持った人です。実は、かなりサボり人だったり、好きなことがなかなか見つからないで人生をフラフラすることが多いでしょう。

根は真面目なので大きく外れることは少ないですが、**周囲にいる人に振り回されやすい**ので人間関係に注意が必要かも。

感性が豊かで芸術的才能や独自のセンスを持ち、周囲から一目置かれるような生き方をすることもあるでしょう。

ややネガティブな発言やマイナス思考が表面に出てしまう場合もあり、ポジティブな言葉を使うように心掛けるだけで人生が大きく前に進み始めそう。

人間関係は上手そうに見えますが、不得意だったり、友人や知人に痛い目にあってから人間不信になってしまう場合もありそう。**「そんな人がいた」と割り切って前向きにとらえるように**しないと、いつまでも過去が原因で未来が明るくならないでしょう。

自分が正しいと思い込まないで、楽観的に物事を考え、ときには周囲に弱音を吐いて、他人も自分も許すこと、認めてあげることが大切。自ら遊びに誘うように努め、人の集まる場所に出向き、コミュニケーション能力を高めると、運気の流れをいい方向に進めることができるでしょう。

恋愛運

Gold Compass

上品で頭の回転の速い、独自のセンスを光らせる人を好きになるタイプ。

恋は奥手に見えますが、冷静に異性を見極めているだけ。本気で好きな人ができると、**突然積極的になったり、空回りをするくらい強引になることもある**でしょう。ただ、相手へのチェックが厳しく、「お礼」「挨拶」などマナーやルールを気にし過ぎて、恋のチャンスを自ら逃してしまうことも。そこへ経済的安定を求めたり、家庭環境まで気にし始めると、ドンドン恋のチャンスは遠のきそう。

プライドが高いので、直接的な告白は苦手で、近くにいたり、マメに連絡をすることで「好きです」アピールをすることも多いでしょう。相手が自分に興味がないとわかったら、スッパリ諦めてしまうことも。自分をさらけ出すことが苦手なため、相手からは「不思議な人」と思われただけになることも多そうです。

ネガティブな発言は恋のチャンスを遠ざけるので、嘘でもいいのでポジティブなことを言うようにしましょう。

恋愛 開運3ヵ条

1 知り合いや友人からの紹介を大切に
2 気楽に異性を誘ってみる
3 相手の話は笑顔で楽しそうに聞くこと

結婚運

Gold Compass

結婚をしないで仕事人間になってしまったり、結婚を望むけれど誰が良いのか迷っている間に、年齢を重ねてしまいがちなタイプ。仕事で結果が出やすく、パートナーがいなくても平気になってしまうこともありそうです。特に好きな仕事や天職だと言えることが見つかると、ドンドン結婚から遠のいてしまいそう。友人の紹介やサークル、学校などで定期的に会える人が良いでしょう。

他には、**お見合いをすると結婚に話が進みやすい**でしょう。結婚後は家庭に落ち着くことのほうが少なく、仕事と家庭の両立を望みそう。ただ、職場で能力を認められていない場合は、ドップリ家庭に入ってしまうことがありそうです。

金運

Gold Compass

お金を稼ぐ能力が高く、お金だけのことを考えて生きたほうが、ドンドンお金に恵まれるでしょう。人間関係や権力、自分のプライドにこだわるよりも「すべてはお金のため」そう思って知恵を絞れば、能力が開花したり、苦労も前向きにとらえられるようになりそうです。そのためにもアイデアや芸術に関わる仕事がオススメ。

お金使いは、プライドが無駄な出費をさせることがあるので気を付けましょう。情にもろく、お金の貸し借りが人生を最悪な方向に進める場合があるので、少額でも、どんな人でも貸し借りはしないようにしましょう。

出世運

アイデアや芸術的仕事、物作りに関わることができると能力を開花させることができるでしょう。

人間関係が不得意なほうなので、職場の人間関係がネックで転職を繰り返してしまったり、自分の好きな仕事を追い求め過ぎてしまうこともあるので、自ら出世のチャンスを逃すこともありそうです。

「お金のため」だと割り切ると人の上に立てる人。また、出世をすると収入が上がるような仕事だと、力を発揮させることができそうです。

そもそも礼儀正しいタイプで、上司や目上の方に好かれ、チャンスを掴むことも多そうです。笑顔と愛嬌を忘れないように心掛けておきましょう。

金の羅針盤座の開運キーワード10

1 嘘でも良いのでポジティブな発言をする
2 自分の生き方を正しいと思い込まない
3 「まあいいや」を口癖にする
4 上品な服を着る
5 挨拶やマナーはしっかり守る
6 丁寧な言葉遣いを心掛ける
7 物作りの趣味を持つ
8 ポジティブな人と遊ぶ
9 「絶対おかしい」と言わない
10 何事にも「それが何か？」と思う

命数 1～10で

西暦の生年が奇数

↓

銀の羅針盤座

ひとりよがりの完璧主義にならない

Silver Compass

開運3ヵ条

1 ダンスを踊る

ダンスに限らず、カラオケでも良いのでたまにはパーッと騒いでみると良いでしょう。好きなアーティストのライブに行ってみるのも良いです。いろいろな音楽を聴くことが開運への近道です。

2 「まあいいか」を口癖に

何事も真面目に考え過ぎてしまう癖があり、自分でも思った以上に堅苦しくなりやすいでしょう。何事もどこか楽観的に「まあいいか」と流せるようになると、自然と運が味方してくれるでしょう。

3 「人は人、自分は自分」と言う

他人に気を遣い過ぎてしまったり、相手に合わせ過ぎてしまい、勝手に疲れてしまうタイプ。「人は人、自分は自分」と自信を持って生きることをテーマにすると開運になるでしょう。

銀の羅針盤座の本性

Silver Compass

真面目で礼儀正しいしっかり者

真面目で礼儀正しくしっかり者ですが、**すべてに受け身なところがあります**。そのため、人との交流に煩わしさを感じてしまいがちです。完璧主義ゆえにひとりよがりになることがあり、他者を馬鹿にしたような態度をとることがあります。人を楽しませることを心掛けてください。人間関係を大切にすることが開運に繋がっていきます。ちょっとしたことで気に病む傾向にあるので、**「まあいいや」を口癖にしてください**。出会った人に良いフィーリングを感じたら、積極的に連絡をとってみましょう。発想をカタチにすることも大切です。

総合運

自分の好きなことが見つかるとトコトン突き詰められる人ですが、その分人間関係が苦手になってしまったり、卑屈に物事をとらえてしまったり、疑い深くなり過ぎてしまうところがあります。自分の好きなことが何なのか、追い求め過ぎてしまうこともあるでしょう。

日頃はおとなしそうで優しそうな印象を与え、**気品高く、真面目で礼儀正しいしっかり者、**上品で身なりや言葉遣いもしっかりした人ですが、根は、**負けず嫌いの完璧主義者**で交友関係の狭い人。受け身で怠ける癖があり、自分の興味があること以外には全く見向きもしないところがあるでしょう。

本当に好きなことを見つけると驚くような集中力や才能を発揮させられることがあり、**芸術や特殊な仕事で才能を発揮することも多い**でしょう。年長者やお金持ちからの評価が自然と高く、不思議な人とも突然仲良くなることもありそうです。

何事もポジティブに考えられたり、プラスの言葉が出せるようになると自然と運気の流れが良くなり、人脈が繋がることになるでしょう。**若い時から自分の気になることはできるだけチャレンジすること**。失敗を恐れず、失敗は良い経験だと思うようにするといいでしょう。人間関係では、無駄に臆病にならないで行動することで世界が広がり、自然とチャンスを掴むこともできる人でしょう。

恋愛運

一度好きになるとその人のことばかり考えて

しまったり、過去の失恋や初恋を引きずってしまうことがありそう。プライドが高く自ら告白をしたり、積極的に恋を楽しむことが不得意で受け身で待ってしまうことが多いでしょう。

恋には特に不器用で、相手のために良かれと思った行動でも空回りをしていたり、サプライズが下手で、プレゼントセンスもないので、相手に何が欲しいか聞いたほうがいい関係を続けることができそうです。

積極的な相手が現れたのに疑ってしまったり、マイナスにとらえて逃げてしまったりと、**自ら恋のチャンスを潰してしまうことも。**その割には、**押しに極端に弱く、**ストレートに告白をされたり強引に進めてくる相手が現れると、すんなり交際を始めることもあるでしょう。

交際が始まると甘えん坊で、頼りない感じから徐々にワガママな発言が出てしまうことが多く、交際相手が驚くことになりそう。交際中は、喧嘩になると「どうせ、私が悪いんでしょ」と面倒な感じの空気にしてしまいがちで、何事もマイナスに受け止める癖を直さないと恋愛でも失敗を繰り返してしまうでしょう。何事もプラスに受け止められるように訓練をしておくといい恋を捕まえることができそうです。

恋愛 開運3ヵ条

1. 気楽に異性を誘ってみて
2. 運命の出会いを信じ込まないでください
3. 昔の恋愛は勉強

結婚運

Silver Compass

周囲の大人や両親が認める人と結婚をする可能性が高く、**経済的に豊かな人と結ばれる可能性がありますが**、恋愛と結婚を切り離して考えないと、この運を手にすることはできそうにありません。そのため、お見合いや付き合いを始めるときから、結婚を意識できる相手であることが重要でしょう。

根っからのお金持ちや、育ちの良い人と良い縁になる星を持っているという自信を持ち、日々をポジティブに笑顔で愛嬌よく過ごすといいでしょう。

結婚後は、家庭のために一生懸命頑張る人になりますが、几帳面が出過ぎてしまい、堅苦しくなってしまう場合があるので、居心地のいい家庭を作ることを目標にしましょう。自分が正しいと思うことを家族に押し付け過ぎないようにする必要がありそうです。

金運

Silver Compass

そもそもお金に恵まれる運を持っているので、努力をすればするほどお金に恵まれるタイプ。そのためにも楽しく仕事ができる場所を探したり、自分の好きな仕事をすることをオススメします。「とりあえず」や「何となく」で続けている仕事では金運は上がることはないでしょう。

計画的にお金を貯める能力もあるので、しっかりとした目標を立ててみては。

要注意は、お金の貸し借り。人生を破滅させることがあるので、どんな理由でも少額でも絶対にやめておきましょう。甘い投資話にも気を付けて。騙されない限り金運を上げ続けることができると信じて、楽しく努力しましょう。

出世運 Silver Compass

仕事を一番しっかりするタイプ。特に指示の上手い上司の下に付くと、自分でも驚くほど能力を開花させることができるでしょう。

仕事は真面目に取り組めるので、評価は自然と上がってきますが、好きではない仕事をサボってしまったり、やる気を出せない場合があるので、真面目に几帳面に仕事を続けることを忘れないようにしましょう。

受け身が強く、上司にはやや不向きですが、部下や後輩にはポジティブな発言を続けそう。「とりあえずやってみましょう」と背中を押してあげる上司になれると、更に出世をすることができそうです。

銀の羅針盤座の開運キーワード10

1. 何が起きても「面白くなってきた」と言う
2. 嘘でもいいのでポジティブな言葉を発する
3. 「過去は過去」と割り切る
4. お礼をしっかり言えるようにする
5. 下品な言葉を使わない
6. 「ない」ことにこだわらないで「ある」ことに注目する
7. 人に執着しない、甘え過ぎない
8. 相手を喜ばせる言動をする
9. 美味しいものに詳しくなる
10. 面白いアイデアは周囲にドンドン話す

命数 11〜20で
西暦の生年が偶数
↓
金のインディアン座

投げ出す前にもう一粘り

開運3ヵ条

1 人に会う

自分を知るために一番いいのは、人と多く接することです。対面する人は、自分を映し出す鏡ですから。なるべく多くの人と出会い、特に人の言葉に注意深く耳を傾けてください。そこに開運のヒントが隠されています。

2 話は最後まで聞く

人の話を最後まで聞けない人は、多くいます。人の言葉を遮って、自分の主張だけを通そうとするのは愚の骨頂です。聞いているふりだけで、適当に反応してもいけません。話をしっかり聞いてくれる人は、親しみ深く感じます。

3 助けを求める

困った時は素直に「困った」と言えば周囲に助けてもらえるもの。水くさいと言われる前に助けを求めたり、白旗を上げたりしましょう。感謝や恩は後に返せば良いことと、お互いさまだということを忘れぬように。

金のインディアン座の本性

Gold Indian

いつも忙しくてパワフルな中学生

楽観主義のマイペース。好奇心旺盛で、前向きに物事を捉えられるタイプでしょう。情報収集が好きで、誰よりも早く流行を摑んだり、新しいことが好きな人。ただ、早過ぎる分、投げ出してしまうことも多いでしょう。語ることが大好きで、やや忘れっぽいところがあるため、答えの出ない話を何度でも繰り返し話してしまいがちですが、持ち前の愛嬌で多くの人に好かれるでしょう。一方で**人と深く接するのは面倒**と思ってしまうので、誰とでもある程度の距離をとることが多く、自然と親友よりも知り合い程度の付き合いが多くなりそう。幅広い交友関係が開運のカギとなるので、知り合いの輪を広げる努力を続けましょう。

総合運

Gold Indian

常にいろいろなことに興味を持ち、行動力があり、パワフルで元気な人。落ち着きなく常に何かをやっていたり、のんびりが苦手だと思われても不思議ではないくらい常に忙しくするタイプです。のんびりしていると思ったら頭の中でいろいろ考えて、妄想や空想をしていることも多いでしょう。

根は子供のように純粋で、心は中学2〜3年生からほぼ成長しないまま。外見も若く見える人が多いでしょう。楽観主義で陽気、学生時代パッとしていなくても、社会人になって出会った人によって運気の流れが好転し、どんな環境にも対応できる、**生きる上で一番必要な才能を開花させることができる**でしょう。

この星で「人見知りです」などと、つまらない言い訳をしていると本来の能力をなかなか開花させることができません。臆病にならないで、ドンドンいろいろな人に会ってみましょう。**情報収集も得意**で、周囲の誰よりも最新情報を入手していたり、時代の波を読む力に長けているので、会話が面白く常にいろいろな人が集まってくるでしょう。

根がややアホなところがあり、同じ話を何度もしたり、年々しつこく、くどくなってしまう場合がありますが、持ち前の明るさやキャラが周囲に認められてくるでしょう。ただ、熱しやすく冷めやすいため、一つのことを極めることが苦手。なかなか完璧になることはないですが、複数のことを同時にこなせる能力を持っているでしょう。

恋愛運

Gold Indian

いつまでも自由な子どものように**無邪気な心を持ったタイプ**なので、好きになる相手は、明るく、忙しく常に輝いているような人。周囲から一目置かれるような相手や高嶺の花と思われるような人を狙うことが多そうです。

恋が人生のすべてだと思うことがなく、仕事や趣味を恋と分けて考えることができるでしょう。そのため束縛する相手を面倒に感じてしまったり、自由な距離で交際を続けようとすることも。

妄想恋愛も多く、頭の中ではいろいろ考えますが、考えただけで満足して終わることも多々ありそうです。いろいろ理想を想像したり恋の相手についてあれこれ考えますが、最終的には身近で楽な相手と結ばれることが多いでしょう。

ただ、仕事や趣味など楽しいことが見つかってしまうと、恋をすることを忘れて年齢だけ重ねてしまうこともあるので、恋を楽しむことと異性にマメになっておくこと、知り合いの輪を広げる努力を忘れないように心掛けておきましょう。

恋愛 開運3ヵ条

1. **余計な一言には気を付けて！**
2. **お酒の席でよい恋愛は生まれない**
3. **相手の話は笑顔で楽しそうに聞くこと**

結婚運

Gold Indian

恋でも結婚でも**束縛やべったりされることが苦手**なため、なかなか結婚に話を進められなかったり、いつまでも仕事と遊びの繰り返しになってしまうタイプ。**経済的に安定すればするほど人生を楽しんでしまい**、さらに結婚を遠のかせる場合もあるでしょう。

理想を追い、高望みをしますが、最後は楽な相手やマメな人、身近な所で落ち着く場合が多そうです。結婚後も相手への関心がやや薄く自分の生き方を通そうとしますが、のびのびとした気楽な家庭を目指します。相手が主導権を取ろうとしたり、あれこれ言うと突然離婚をしたくなることもあるでしょう。

金運

Gold Indian

行動力と情報力がある分、**お金の出入りも激しくなるタイプ**。貯めるよりも使うほうが激しくなりやすく、特に新しいことに敏感なため、誰も持っていない物を早く購入することが好きで、値段が高くても買ってしまう場合があるでしょう。

お金を貯めることよりも、自分の能力を活かして稼ぐことに集中したほうがいいですが、どうしても貯めたいという場合は、**3ヵ所以上に目的を決めた貯金をする**のがよく、目的以外のためには使わないように心掛けるといいでしょう。

出世運

社会に出ると持っている能力を開花させることができるタイプ。勇気と度胸もあるので、自分の隠れていた能力に気が付く人も多いでしょう。

若い頃はフラフラしたり、目標をなかなか見つけられない場合もありますが、バイトや転職を繰り返して苦労をしても、その場所で学んだことを次の仕事に活かすことができ、多才さを見せることができるでしょう。

特にどんな人とも仲良くなれる能力が高く買われ、自然と出世をします。もし、職場で結果が出せない場合は、いろいろな人と仲良くしたり、図々しく生きてみるといいでしょう。人見知りや臆病は、自分で能力を落としているだけだと思って勇気を出してみましょう。

金のインディアン座の開運キーワード10

1. 知り合いの輪を広げる
2. 目標を三つ作る
3. 副業をする
4. 友人と距離を置く
5. 諦めないで続けてみる
6. 自分が図々しいと認める
7. 話のネタを探して行動する
8. 明るく笑顔で「人が好き」と言う
9. お金は3ヵ所以上に貯金をする
10. 新しいことを追い求めて

命数 11~20で
西暦の生年が奇数
↓
銀のインディアン座

知り合いをたくさん作りましょう

開運3ヵ条

1 まずは行動する

妄想や空想ばかりしているなら、思い切って行動すればいい。見知らぬ土地でもやっていけるタイプ。友人や親族に縛られていて本来の運が味方をしないでしょう。思い切って生きる場所を変えてみましょう。

2 何となく続ける

もともと熱いハートを持っているので、すぐに何かに夢中になれます。しかし、目標を大きく持ち過ぎて、心が折れてしまうこともしばしばです。好きなことほど、「何となく続ける」という楽な気持ちで向き合ってください。

3 「言ってない」と口にしない

人間関係の災いの多くは、「言った」「言ってない」で始まります。「言った言わない」を主張し合うのではなく、ともに問題の解決法を考えましょう。証明できないことで争うより、対策を練ることに時間を費やしましょう。

銀のインディアン座の本性

Silver Indian

無邪気で好奇心の強い自由人

「人は人、自分は自分」と、かなりマイペースな人。行動範囲を広げることで不思議なほど知り合いが増え、**周囲が驚くような情報を手にすることもできる**でしょう。好奇心がある分、飽きっぽくもなってしまい、一つのことが長続きしない場合がありますが、**社会に出てから能力が開花する**ので、学校で学んだことよりも社会で出会った人や学んだことを大切にしましょう。**心が中学2年生くらいで止まったまま**の無邪気な感じがあり、そのため臆病になってしまうことがありますが、本音の図々しい部分を活かして、人の懐に入ることができると魅力が更にアップするので、困った時は素直に助けを求めてみるのもよいでしょう。

総合運

Silver Indian

基本的には「人は人、自分は自分」とかなりマイペースで自由に生きる人ですが、なぜか交友関係は広く、いろいろな人と仲良くなれるタイプ。ただ、根は臆病なため、深い付き合いを面倒に感じてしまうことが多く、知り合い止まりで距離を置いて付き合いがち。妄想や空想が好きで、自分の生き方や世界にこだわり、周囲が驚くようなことにのめり込んだり、独自のセンスを見せて生きるでしょう。

不思議な生き方をする場合がありますが、本人的にはわざと変な感じに見せていることも多そう。好奇心旺盛でいろいろなことに興味を示しますが、**熱しやすく冷めやすい**面があり、なかなか長く続きません。本気で好きになったことは何となく続けてしまいそう。

また、興味のないことには全く目を向けないので、**知識が極端に偏ることが多い**でしょう。語ることが好きで、答えの出ないことや不思議な話が大好き。何度も同じ話をしたり、年々しつこくなってしまうところもありそうです。他人に執着することが少なく、**心は中学1～2年生のまま**。外見も周囲に比べて若く見られることもあるでしょう。

学生時代よりも社会に出てから能力が開花するタイプで、学校で学んだことよりも、社会で出会った人から学んだ経験から大きく成長するので、学生時代の友人に振り回されていると運気が伸びなくなる場合もあるでしょう。社会に出てからの知り合いの輪を、できるだけ広げる努力をしておきましょう。

恋愛運

Silver Indian

妄想や空想の恋が好きなため、自然と**理想の高い相手やレベルの高い人を好む癖があります。**外見だけでなく、センスや才能もしっかりチェックし、自分のペースを乱さない相手、華やかな仕事に就いている人、注目される人を好きになるでしょう。古い考えに固まる人や頑固過ぎる人にも惹かれますが、最初は良くても後に合わない人とわかると、離れることに。

柔軟な発想と対応力があり、魅力や才能を発揮している人を追い求めてしまいそう。ただ、そんな理想を掲げているのに、最終的には、知り合いの知り合いや何度も会っている人、飲み友だちなど気楽な人と交際をすることが多いでしょう。マメに弱いですが、マメに会える機会を作ると自然と相手に好かれる「**マメに弱いが、マメに強い**」タイプでもあります。

恋のチャンスに恵まれないと嘆くなら、薄く広く知り合いを増やして**人脈を広げてみると簡単に恋人ができるようになる**でしょう。そもそも臆病なので人との距離を空けてしまうこともありますが、気にしないで知り合いを増やすことだけを考えて行動してみるといいでしょう。

恋愛 開運3ヵ条

1 **束縛しない人が必ずしもいい人ではない**
2 **異性の友だちを作り大切にしましょう**
3 **妄想恋愛だけで終わらせないように**

結婚運

Silver Indian

自分の自由にさせてくれる頼りがいのある相手との結婚を望むタイプ。理想ばかり追い求めていると結婚を逃してしまったり、晩婚になる場合もありますが、身近な相手や気楽に付き合える人と結婚する可能性が高く、**結婚生活は、対等に付き合えることを望む**でしょう。

そもそも子どものような人なので結婚後も自由気ままな生活を送り、**夫婦になるというよりも友だちの延長のような関係**になりそうです。互いに遊びの趣味が合うといい関係が長続きするでしょう。

結婚を意識するなら、自分の自由を仕事や趣味に分散しておくのが良さそうです。結婚に束縛や面倒なことがあるイメージを捨てて思い切って飛び込んでみるといいでしょう。相手の両親とも自然と仲良くなれる人でしょう。

金運

Silver Indian

金使いは激しくなるタイプですが、使っても思ったより残ることが多そうです。臆病が幸いして大きく失うことを自然と避けるでしょう。ただ、身に着ける物にお金を使わずにご馳走する、というように、自分の**見栄のために使い過ぎてしまう**傾向があります。貯金を本気で意識しないと困ることになる場合もあるので常に意識しておきましょう。副業や、情報系の仕事、金融関係の仕事に就けると収入をアップさせることができるでしょう。

出世運

Silver Indian

自由にマイペースに生きたいタイプなので、出世願望は低いほう。ただ、仕事が楽しくなるとドンドン仕事をして、常に忙しくしてしまうため、自然と出世をすることになったり、重要なポジションを任されてしまうことがあるでしょう。

職場の人に執着することはないですが、**仲間を集めて起業すると成功する**ことがあります。ただし、**お金の管理が苦手**なので本当に信用できる仲間を見つける必要があるでしょう。

銀のインディアン座の 開運キーワード 10

1 知り合いの知り合いを渡り歩いて
2 困ったときはお互いさまだと思う
3 給料は3ヵ所に分けて貯金する
4 学生時代のことは忘れる
5 社会に出てからの知人を大切に
6 日常品以外の買い物は一年に4回だけにする
7 しっかり休日を作る
8 マメに異性に会う
9 予定は詰め込んだほうがいい
10 周囲から求められるなら何となく続けてみる

命数 21〜30で 西暦の生年が偶数 → 金の鳳凰座

金の鳳凰座

考えているなら行動すればいい

開運3ヵ条

1 行動してから考える

じっくり物事を考えてから行動に移すことが多いですが、既にワンテンポずれている可能性があるタイプ。考える前にまずは行動し、行動しながら考えればいい。動かなければ運はやって来ません。

2 語尾を柔らかく

自分で思った以上に言葉遣いが雑になってしまったり、冷たく伝わってしまうタイプ。言葉足らずや余計な一言が多いのに肝心なことが伝わらない場合もあるので、できるだけ丁寧に優しい言葉遣いを心掛けましょう。

3 「自分が」はほどほどに

自分の気持ちに素直なのは良いですが、「自分が良いと思っているから」と強く思い過ぎて、頑固になったり意地を張って視野が狭くなってしまうことがあるでしょう。視野を広げ柔軟な発想を心掛けることが開運のカギ。

金の鳳凰座の本性

Gold Phoenix

知的で忍耐強い孤高の人

頑固で意地っ張り。自分の決めたことや自分の世界観だけを大切にするため周囲からのアドバイスになかなか耳を傾けない人でしょう。一方で、物事をじっくり考えて慎重に進める知性を持った人でしょう。集団よりも一人でいるのが好きになってしまい、人の集まる場所を避けてしまう傾向があるので、できるだけ多くの人に会える場所に出かけることで持ち前の才能や魅力を引き出してもらえるでしょう。また、過去の出来事を気にし過ぎてしまい、環境の変化が苦手になってしまうこともあるので、**「過去は過去」と割り切る必要がある**でしょう。人間関係は広くはないですが、最初の印象ですべてを決め過ぎてしまい、結果的に人に振り回されることも。常に冷静に物事を考え「過去と今の違い」を判断する必要があるタイプでしょう。

総合運

Gold Phoenix

頑固で忍耐強く、知性的で自己分析能力にも長けているタイプ。冷静沈着、物事をじっくり考えてゆっくり前に進んでいるようで、過去の出来事を気にし過ぎてしまう人です。

言葉遣いが苦手で、一言足りなかったり、喜びの表現が苦手な人でもあります。凝り性で、一つのことを突き詰めるとそれしか考えられなくなる不器用な面もありますが、**深く物事を知ることができる職人さんのような人生を送る**でしょう。

視野が広いようでとても狭く、天然と思われるくらい、知らないことは全く知らないままで突き進んでしまうことも多いでしょう。

孤独な星を持つため、一人でいることにそれほど苦痛を感じず、単独や少人数での行動を好んだり、一人の趣味に没頭したりするでしょう。

何事にも粘り強く忍耐強く取り組む人なので、時間をかけて周囲が越えられない壁を越えることがあり、驚異的な結果を出したり、常人がマネできないようなことをやってのけたりできる人。一度始めたらなかなか止められないことが好転する場合もありますが、それが原因でいつまでも苦労から抜けられない場合もありそうです。その生活が楽しいのか、才能を認められているのか冷静に考えて、**時には道を変えることも必要**だと心の隅に置いておきましょう。

人間関係も最初の印象を強く持ち過ぎてしまい、一度嫌いになるとなかなか仲直りができなくなってしまいそうです。逆に、最初に良い人だと全面的に信用し過ぎて、後に裏切られ期待外れになる場合もあるでしょう。後悔をしたり、他人を疑うのではなく、社会的な事情や時代の流れがあることを忘れないようにしましょう。

恋愛運

見た目以上に意志が強く、恋にもその意思が出るため、**一度好きになった人を思い続けることが多い**でしょう。

表現や言葉遣いが苦手なほうなので、思ったことが相手に伝わらなくてヤキモキすることが多くなりそうですが、好意や告白をするなら、いろいろな方法や伝え方があると覚えておくといいでしょう。自分の表現だけが正しいと思い込んでいると、恋でいつまでも空回りをすることになりそうです。

気持ちの切り替えも下手で、なかなか別れられなかったり、ひどい別れ方をしても昔の恋人に戻ろうとしたりするので、過去の恋に執着しないようにすること。恋のタイプがいつも同じような人になる場合が多いので、似たタイプは似た失敗に繋がると思って、違うタイプも意識するようにしたほうが良いでしょう。

心が強く好みがハッキリとしていますが、押しに弱く**「とりあえず付き合う恋」で失敗を繰り返しそう。**「とりあえず」と思った時は、周囲の意見やその人の評判を聞いておくといいでしょう。

恋愛 開運3ヵ条

1. あまり第一印象だけに固執しないように
2. 「とりあえず付き合う」は後悔の元
3. 妄想恋愛だけで終わらせないように

結婚運

自分が「この人と結婚する」そう決めたら突き進むだけなので、**周囲が止めても言うことを聞く可能性は低い**ですが、家族を守るにはしっかりしたタイプです。

なかなか結婚に話が進みづらい人は、笑顔と愛嬌を身に付けることと、パートナーに合わせる努力を少ししてみるといいでしょう。頑固過ぎて後に苦労するイメージが伝わってしまうと、相手が一歩踏み込めない理由になってしまいます。明るく楽しい家庭を作れる感じをアピールしてみましょう。

結婚後は、自分のできることをできるだけ頑張り、家庭を安定させるように忍耐強く努める人。少しくらいの困難は乗り越えることができるでしょう。

相手のペースに一切合わせることがないので、マイペースな人か仕事に打ち込む人のほうが、上手くいく可能性があるでしょう。

金運

お金に関しては、きっちりとしたタイプ。自分のことに全くお金を使わなかったり、倹約と決めるとトコトン節約をするため、**極端なケチになってしまいそう**です。

頑張ればそれなりの収入を得るタイプですが、時間がかかってしまうことが多く、辛抱が必要になりそう。**お金持ちになれる運はある**ので、起業したり、投資や不動産などの副収入で大金を手にすることも。ただ、次の代に引き継がせることが不得意で一代で終えてしまう場合もあるでしょう。

出世運

Gold Phoenix

自分が覚悟して始めた仕事や最初に楽しいと思った仕事は、辛抱強く続けることができるので、会社や上司の評価は時間と共に上がってきます。

ただ、**表現が苦手**。人を上手に扱うのが不得意だと思われると、なかなか責任ある立場になれない場合があるでしょう。自分の仕事と管理職の違いを勉強すること、また、いろいろな人と交友関係を築いて固定概念をできるだけなくす努力が必要です。

独立をしたり、ベンチャー企業を起こすことも多く、自分に「勝算がある！」と思えたり**「この仕事は楽しい」と思えるなら、大成功する可能性がある**でしょう。

金の鳳凰座の

開運キーワード10

1 勝算があると思うなら行動する
2 決めつけ過ぎない
3 ポジティブな言葉を使う
4 手紙を書く
5 「苦手」「無理」「難しい」と思わない
6 「何でもやってみないとわからない」と思う
7 勘違いで生きていると自覚したほうがいい
8 「運がいい」と言う
9 休みはのんびりする
10 丁寧に話をする

命数 21～30で

西暦の生年が奇数

銀の鳳凰座

幸せを「これだ」と決めつけない

開運3ヵ条

1 手紙を書く

基本的に口下手なタイプ。言葉をできるだけ丁寧に伝えることに努めるとよいでしょう。伝わらないからといって、身勝手に諦めたり、決めつけないように！　考えをまとめて手紙やメールで伝えれば、気持ちが伝わるでしょう。

2 人間関係を見直す

人間関係は自分で思っている以上に間違いだらけ。「良い人」だと思い込んでいる人に裏切られたり、面倒になることが多々あるタイプ。「これは違うな」と感じるなら、縁を切ることや人間関係の見直しが必要でしょう。

3 「新しい」「面白い」を探す

自分の中での「面白い」や「楽しい」を決めつけ過ぎて、他の面白さを簡単に逃してしまうタイプ。もっと流行に目を向けて、いろいろな物を吸収してみると人生が驚くほど楽しくなるでしょう。

銀の鳳凰座の本性

Silver Phoenix

物静かで忍耐強い、一匹狼の頑固者

一度決めたことは最後までやり通すことができる信念の強い人です。しかし、それは「自分の決めたルールにおいて」ということに限られます。**とても頑固な一面があるので、集団で行動することが苦手**です。やや協調性に欠けるところがあり、一人が自然と好きになってしまうでしょう。言葉遣いが下手で、気持ちが相手にうまく伝わらないことがよくありますが、丁寧に伝えようと努めれば問題は簡単に解決できるでしょう。言葉に限らず表現力を磨くことが運気の向上となるので、**ダンスや歌、詩を書いたり、表現することの**楽しさを知ることが大切になりそうです。何事も決めつけないでチャレンジしてみるとよいでしょう。

総合運

Silver Phoenix

信念が強く、超が付くほど頑固者で意地っ張り。一度決めたことは最後までやり通すことができ、**特に自分の決めたルールや自分の好きなことには情熱的で忍耐強いタイプ**でしょう。

何事もじっくり考えるので、物静かな印象を周囲に与えますが、**芸能や芸術の才能に優れ、華やかな世界で成功したり**、手に職を付け、難しい技術を身に付けて大成功することも。

ただ、何事にも時間がかかってしまったり、じっくり考え過ぎてしまうことがあるので、勝算があると感じていることがあるなら、実行してみるといい結果を残すことができそうです。

一度行動すると、なかなか止まることができず突き進み過ぎてしまい、その結果、幸運を手にすることができますが、不運や苦労から抜けられなくなる場合もあるでしょう。

楽しみながら自分の好きなことに一生懸命になるのはよいですが、周囲を一緒に喜ばせたり、感謝を表すことができると、目標を手にすることができるでしょう。この星は、孤独の星でもあり、一人で行動することが好きだったり、交友関係がそれほど広くはないことも。一度仲良くなった人と深く付き合うことが多いですが、第一印象だけで人を判断し過ぎてしまい、結果的に裏切られたり面倒なことに巻き込まれてしまう場合もあるので、周囲から耳にする評判も聞き入れるようにしておくといいでしょう。

恋愛運

好みがハッキリしているので、好きな人のタイプが毎回同じような人になりがちです。もっと**他の異性を見る意識を持てば素敵な恋は簡単にできる人**ですが、なかなか幅広く異性を見ることができないタイプ。

初恋や初期に付き合った異性をいつまでも思ってしまったり、失恋をすると復縁のことばかり考えてしまいそう。

恋から交際までは、ノンビリする時とセッカチになる時が極端です。どんな相手か探って考え、時間をかけ過ぎて相手に恋人ができてしまったり、猪突猛進で空気も読まず、突然告白をして失恋したりと、恋には不器用な人でしょう。

自分の気持ちには素直ですが、表現が下手で相手になかなか思いが伝わらないままの時間も多くなりそう。

メールや手紙を書く能力があるので、好意のある相手には丁寧に気持ちを書いて送ってみるといいでしょう。**思い込みが激しい星**なので、相手が危険な人の場合でも、第一印象がよいと引っ掛かってしまったり、「とりあえず付き合ってみる」で大失敗することも多いので気を付けましょう。

笑顔と愛嬌を心掛けて、明るい感じの服装を選ぶといい恋に近づけるでしょう。

恋愛 開運3ヵ条

1. **過去の恋に執着しないように**
2. **あまり一途になり過ぎないで**
3. **自分で好みを決めつけない**

結婚運

Silver Phoenix

「結婚は30歳を過ぎてから」などとのんびりしていると、結婚のタイミングをドンドン逃してしまうタイプ。

「絶対に20代で結婚をする！」と**目標をしっかり立てたほうが、そのための恋や交際ができるようになる**でしょう。

そもそも一人好きなので「結婚はできれば良いかな〜」などとフワッと考えていると婚期を逃して後に焦ってしまうことになるので気を付けましょう。思い込みが激しいので周囲からのアドバイスや評判を無視して、苦労する相手と一緒になる場合もあるので、苦労をさせられるような相手とはスッパリ縁を切る勇気も必要です。

結婚後は、家庭をしっかり守ったり、尽くすことが上手なタイプですが、そもそも頑固なので相手の生活に一切合わせなかったり、身勝手な優しさを押し付けてしまう場合があるので、相手にどんな家庭を作りたいか初期も含め何度か話し合いをすることが大切。**自分だけ頑張っていると思い込まないこと**。自分が正しいと思い込み過ぎないようにしましょう。

金運

Silver Phoenix

手堅くお金を貯めるタイプですが、株や投資、博打や宝くじで**一攫千金を狙ってしまう面**も。一度博打にハマってしまうとなかなか抜けられなくなってしまうこともあるので、深入りは禁物。地道に持ち前のお金を貯めて、家計簿を付けたり、通帳はマメに記帳してお金の流れを知っておくことが肝心でしょう。

一度倹約が始まると、ドンドン生活を

切り詰めることができますが、ケチケチした生活になり過ぎてしまうのでホドホドにしておきましょう。芸術や美術、技術を身に付けることでお金を得られるようになるので、困難でも自分の好きな仕事を極めてみましょう。

出世運
Silver Phoenix

他の星と比べるとかなり我慢強く、自分が覚悟して始めた仕事は簡単には辞めません。その意思の強さや頑張りは評価されますが、自分の仕事のやり方にこだわり過ぎて出世のチャンスを自ら逃してしまったり、リーダーになることを面倒に感じて避けてしまう場合がありそう。

そもそも伝え下手なところがあるので、上司向きではありませんが、丁寧に言葉を使ったり、書類を作ったり、書くことで伝え上手になれるでしょう。どんな仕事でも忍耐強くできますが、無理を続けてしまうことも多いので、休む時はしっかり体を休ませましょう。

銀の鳳凰座の開運キーワード10

1. 「昔は昔、今は今」だと思う
2. スポーツをする
3. グレーゾーンを楽しめるようにする
4. 決めつけで生きない
5. 昔の恋を追いかけない
6. 「伝える」と「伝わる」の違いを理解しましょう
7. 我慢強くなる
8. 過去の出来事を「良かった」と思う
9. 笑顔と愛嬌を身に付ける
10. 集団行動を楽しむ

命数

31～40で

西暦の生年が偶数

↓

金の時計座

くよくよと細かいことを気にしないで

開運3ヵ条

1 調べる癖をつける

もともと人から影響を受けやすいタイプです。もちろん良い影響も受けますが、悪い影響のほうが受けやすいように感じます。もたらされる情報はよく調べましょう。影響を受ける前に、自分にとっての正否を明らかにしてください。

2 師匠を見つける

すべてにおいて「習う」ことは、開運の大きな鍵となります。自分の好きな分野で尊敬できる師匠を見つけることができれば、それこそが幸運に他なりません。まずは、「本当に好きなことは何か?」と自分に問いかけてみましょう。

3 「普通は」と言わない

会話が激しくなってくると、「普通は」とか「それが常識」というような言葉がよく使われるようになってきます。あなたにとっての正論が、すべての人の正論ではありません。考えを押し付けずに会話して、よりよい交友を。

金の時計座の本性

Gold Clock

陽気で正義感の強い人気者

もともと**庶民的な感覚の持ち主**ですが、親切で優しい性格なので自然と交友関係が広くなってきます。そのため、多種多様な集団と関わることになりがちです。**悪い仲間や無駄な関わりを断つことを心に決めてください**。一人で行動することにより、自分の人付き合いを客観的に見ることが大切です。とてもナイーブな一面があるので、ちょっとしたことで傷ついて精神的に不安定になることがよくあります。細かいことを気にしないように心掛けましょう。なんでも決めつけてしゃべってしまう癖があります。そのため、**言葉が攻撃的できつくなりがち**です。相手の立場を慮《おもんぱか》って、優しい言葉を選ぶことを心掛けてください。

総合運

Gold Clock

どんな人にも優しく親切で、常に人の中にいるタイプ。周囲の意見に耳を傾けたり、相手に合わせることが器用にできますが、その分、自分の目的を見失ってしまったり、気持ちが常にブレてしまい、**右へ左へ心が揺らいでしまう人**でしょう。心は常に庶民で、差別や区別が嫌い。どんな人とも仲良くなれて、周囲が驚くような人と友人になれたり、変わった人と仲良くなれ、幅広い交友関係ができるでしょう。ただ、偉そうな人や権力者などは苦手。一度嫌いになると距離を置くでしょう。

また、家族の中でも少し変わった生き方をしたり、不思議な人生を送ることが多く、親を心配させる場合がありますが、人の中で揉まれて人間関係を大切にすることで、**協力者や援助してくれる人を味方に付けることができる**でしょう。

面倒見も良く、困った人を助けたり、正義感も強い人。自分が正しいと思ったことを押し付け過ぎてしまったり、おせっかいが過ぎてしまうことがあり、情がからむと縁が切れずにズルズルした関係になってしまいがち。「悪友」と感じる人や周囲から評判の悪い人とは、距離を置く必要があることを覚えておきましょう。

基本的には人が好きですが、ある日突然、人と距離を置きたくなってしまったり、人間関係が面倒になってマイナス思考やネガティブな発言をすることがあります。ポジティブな発言を続けていると、自然と元の自分になることができるでしょう。

恋愛運

Gold Clock

自然と異性が周囲に集まり、**他の星と比べると恋のチャンスは多い**でしょう。ただ、周囲からは「もっといい人いるじゃない？」「何でその人と？」と聞かれるような人と交際をすることが多く、夢を語る人や、夢を追いかける異性を好きになることが多そうです。

情にもろく「どこか守ってあげたい」「自分がいないとダメだな」と面倒を見ているうちに、本当に好きになってしまうことも。異性の悩みを聞く時は、恋とは違うと割り切っておかないと、ドップリ相手にハマってしまいそうです。

また、**別れ下手**で縁を切ったと思っていても、ズルズル関係が続いてしまったり、友人関係に戻ろうとするところがあり、体だけの関係になってしまう場合があるでしょう。

いろいろな異性を受け入れられる優しい人ですが、周囲から評判の悪い相手とは、距離を置くことが大切です。

恋愛 開運3ヵ条

1. 同情と恋愛感情を履き違えないようにしましょう
2. 無謀な夢を持っている異性に注意して
3. それが恋だと気づいたら即行動すべし

結婚運

Gold Clock

周囲が驚くスピードで結婚する可能性が高く、デキ婚を含め、**結婚を決めると決断は早くなる**でしょう。ただ、ズルズル腐れ縁になった相手との結婚はオススメできません。**3年以上付き合った相手とは縁が切れる可能性が高く**、長く付き合った相手と別れて、次に現れる人とパッと結婚することも多いでしょう。

芸術家気取りの人や、才能がある風な人と結婚して、周囲からは苦労が絶えないと思われることがありますが、そこに愛があれば楽しい結婚生活を送ることができます。やりくり上手で結婚相手にも対等な立場を求めますが、あなたの思いが一方的になる場合があるので、夫婦での会話を大切にしておきましょう。

金運

Gold Clock

お金のことを考えるのが不得意で、**生活に困らない程度のホドホドが良いタイプ。**

世間一般のお金に対する考え方を押し付けられると、本来の魅力を失ってしまったり、自分の進むべき道に悩んでしまうことがあるでしょう。お金のために生きるよりも、人のために頑張れること、喜ばれたり感謝されることを優先したほうがよさそうです。お金はその後についてくると思っておくくらいがよいでしょう。**人に尽くせる仕事を選ぶと心の満足度も高くなる**ので、看護師や医師、弁護士、福祉関係の仕事、保育士や先生、サービス業などに就くと、楽しく仕事ができてお金も貯まって来ます。周囲や流行に流されて、**ブランド物や高級な物を欲しがり過ぎないほうがよい**

でしょう。

出世運

表面的にはあまり見せないものの、向上心があり、自分の認めた上司のために頑張れば出世の道は自然と開かれるでしょう。そもそも面倒見のいいタイプなので、**上司や職場の人に好かれて、出世をする可能性が非常に高い人。**ただ、気持ちのブレが激しく、自分の思いを理解してくれない部下や後輩にガッカリしたり、悩んでしまいそう。

「どうして私の考えがわからないんだろう」と思うよりも、仕事の楽しさを教えてみたり、仕事以外での付き合いを大切にしてみると職場の空気が変わって、思い通りに仕事ができるようになるでしょう。

金の時計座の開運キーワード10

1 人との縁を切るならしっかり切る
2 「運命の出会い」と思わない
3 常識やルールを守るように
4 人に執着しない
5 ひとりで旅をしてみる
6 マメに散歩をする
7 夢を語る人には要注意
8 好きな音楽を聴く
9 お金よりも人を大切に
10 高級な物は持たないように

命数 31~40で

西暦の生年が奇数

銀の時計座

情に流され人に合わせ過ぎないように

開運3ヵ条

1 ひとり旅をする

人との交流が得意で常にいろいろな人に囲まれることが多いタイプ。その分、ひとりでの行動が苦手になってしまうことがあるでしょう。たまには映画館に行ったり買い物をしたり、ひとりで行動して自分を振り返る時間が必要です。

2 周囲のアドバイスを大切に

自分の行く道を悩み、「正しい！」と思って飛び込んでも「本当に大丈夫？」と、人生を蛇行しやすいタイプ。せっかく周囲からのアドバイスを聞いても、フラフラしていると信用を失うことがあるので気を付けましょう。

3 「忙しい」が一番の開運

予定を詰め込んで、悩んだり不安にならないことが一番の開運方法。目標を定めて突き進む努力が大切。まず目標を決めることが肝心ですが、叶いそうなことや現実的な目標を掲げることが大切になるでしょう。

銀の時計座の本性

Silver Clock

庶民的で優しい博愛主義者

思いやりのある優しい人。相談事や世話を焼くことに労を惜しまないので多くの人に好かれるでしょう。面倒見が良く、交友関係も幅広くなり、自分でも驚くような人脈ができることもあるでしょう。集団の中で能力が発揮されるため、いろいろな人に会っておくことが大切。ただ、**メンタルが弱く**、己の目標を簡単に見失ってしまったり、自分の進むべき道に悩んでしまうことが多いので気を付けましょう。悪友や、自分を振り回す人とは思い切って縁を切る勇気を持たないと、いつまでも人に振り回されてしまうかもしれません。今だけではなく今後何をしたいか、**未来の目標をしっかり定めることで運が味方をしてくれ、開運となる**タイプでしょう。

総合運

Silver Clock

行動が心の現れのタイプ。**気持ちが揺れてしまうと行動に現れ**、目的を見失ってしまったり、右へ左へとジグザグの人生を送ることになる人でしょう。

お人好しで不思議議な交友関係を持ち、周囲が驚くような人と深い付き合いができたり、幅広い知り合いと繋がることができますが、自分でもなぜ繋がっているのかわからなくなることもあるでしょう。

頭の中でウダウダ考えているよりも行動する力が上回るために、時には無謀と思えるような行動に突っ走ってしまう面もあります。周囲や身内を驚かせることも少なくないでしょう。

家族関係は悪くはないですが、親元を離れることで本来の能力を開花させたり、一族の中では珍しい生き方を選ぶことも多く、常識やルールから少しはみ出した生き方や不思議な人生を送り、身内を心配させることも少なくないでしょう。人に振り回されて、人生に悩むこともありますが、**この星は、いろいろな人と出会うことで運命を大きく変えることができます**。小さくまとまらないで、人に会える場所に積極的に出向くことが大切。同じような人とばかり会っていると世界がドンドン狭くなってしまい、本来の、**視野を広く持ちアイデアを生み出す能力**を発揮できなくなってしまう場合があるでしょう。

大切な人を大事にすることは良いですが、**新しい出会いを求め続ける人生を選んだほうがあなたらしい楽しい人生を送れます**。もし、この星で人が苦手だと思っていたり、距離を置いて付き合いをすることが多い人は、習い事を始めたり、行きつけの店を作ると人間関係が変わり始め、人生が明るく前向きになるでしょう。偉そうな人や威圧的な人が苦手なので、そんな人のいる所だけは避けておくといいかも。

恋愛運

Silver Clock

フットワークが軽く世話好きで、人脈を広く見せているタイプなので自然と出会いのチャンスが多くなるでしょう。そもそも**超寂しがり屋**。人に巻き付いて生きることが多いので、恋に困ることがないように思われそうですが、行動力があるのに、恋には臆病になってしまい、あれこれ考え過ぎてしまうことが多いようです。本当に好きな人ができると突進力が出ますが、その分、空回りも多くなってしまったり、相手に利用されてしまうこともあるでしょう。とても恋愛上手とは言えない行動が多く、人生相談や夢を語られると「私が何とかしないと！」という気持ちに。それを好きだと勘違いして、交際が始まってしまい、その後も叶わぬ夢を応援し続ける場合もありそう。結果の出ない相手には、時には縁をスッパリ切らないといけないことを知っておきましょう。特に、昔の恋人とダラダラした関係が続いてしまうことがあるので気を付けましょう。

恋愛 開運3ヵ条

1. 情に流されての交際は後悔するだけ
2. 直感の恋は失敗だらけ
3. 異性の前で態度は変えないように努めましょう

結婚運

ダラダラ縁が切れない恋人がいると思ったら、突然縁を切って、一目惚れからのスピード婚をしたり、**周囲が驚くタイミングで結婚をしてしまいそう。**別れる理由がないからと、何となく結婚をしたり「この人は自分がいないとダメ」と**情で結婚をすることも多いタイプ。**

周囲の意見や評判を冷静に分析しないと、思った以上の苦労をする可能性があるでしょう。相手があなたの優しさや愛情に気が付いていると問題はなさそう。結婚後は、自分の生活パターンを相手に合わせるようにして、家族の時間を大切にするようになるでしょう。本来ある向上心をパートナーに押し付けることもありますが、相手が家庭を大切にする場合は、多くを望まなくなるでしょう。経済的な面でやや不満が出たり、問題ある家計をすることがあるので、お金使いには気を付けておきましょう。

金運

生まれつきお金持ちの場合を除き、基本的には**金銭感覚は庶民派でいることが運気を安定させる人。**人並み以上を極端に望まないほうが、心が安定するタイプです。大金を手に入れようとしたり、ブランド物や高級品を手にしようとするよりも、ホドホドに今の自分に見合った生活を心掛けましょう。

大金を手にしても、**突然散財をしたり、不安定な気持ちになってしまいがち。**安い物を選んで購入したり、値段を比べて物の良さを比較して買い物を楽しめる人になるでしょう。

出世運

Silver Clock

出世には縁遠い生き方をしているタイプですが、実は、**人には見せない野心家**。いろいろな人と出会うことで面白いアイデアが浮かんだり、斬新なことを発想する能力を持っています。**アイデアが、自分のためよりも、周囲や世間のために役立つことを望む人**。

仕事は、企画やアイデアを出せる仕事や人と関わりの多い仕事、サービス業などが向きますが、上司に認められることを望んでいるのに、偉そうな上司の言うことを聞き入れなくて、無駄な苦労をする場合がありそうです。

目上の人を、会社に選ばれた人と認めることで、自分も認められるようになるでしょう。

銀の時計座の 開運キーワード 10

1 尊敬できる人を見つける
2 自分の直感は信じない
3 スッパリ別れる
4 強引な人に要注意
5 「安い」だけで買わない
6 若い人と仲良くなる
7 上品で清楚な服装を心掛ける
8 飲み会や誘いは時には断る
9 「結婚」と決めた時こそ冷静に
10 高級ブランドは買わない

命数 41～50で

西暦の生年が偶数

↓

金のカメレオン座

強く圧されたとき優柔不断にならないで

開運3ヵ条

1 テキストを読む

とかく自分の考えに固執しがちなので、見聞を広げることをおすすめします。見聞きをするということは、「勉強をする」ということです。さらに、情報の整合性をとるためにテキストを読んでください。新しい発見があるはずです。

2 意思を表現する

自分の考えがうまく伝わらず、つい惰性で行動してしまうことがありませんか？〝自分はこうしたい〟〝自分はこう思う〟ということをはっきりと相手に伝えましょう。自分の意思を表現することで、交友関係が良くなってきます。

3 マネてみる

もともとマネをするのが得意なので、その長所を活かしましょう。とくに、苦手なことはマネをして習得することが一番です。人の生き方やファッションセンスも、自分にとって有益だと感じたらどんどんマネしましょう。

金のカメレオン座の本性

Gold Chameleon

古風で粘り強い現実主義者

よく言えば「古風」、悪く言えば「古くさい」と思われがちなタイプです。それは、個性でもあるので大切にしたいところですが、時には自分の考えに固執せず新しい情報を受け入れてみましょう。計画に基づいて行動することに長《た》けていますが、無計画だと何もできなくなってしまうところがあります。何事も**計画書を作ることを習慣に**しましょう。また、人のマネをして習得する能力に優れています。それだけに、悪い部分まで吸収しないように注意してください。論理的にものを考えるタイプですが、意外と**感情的な攻めに弱く**、結局、流されて行動してしまうことがあります。優柔不断な対応に気を付けましょう。

総合運

Gold Chameleon

考え方がしっかりした、パワフルで学習能力が高くマネ上手なタイプ。**現実的なことに強く、冷静で知的。**コツコツ努力もできますが、豪快で大胆な行動もできる人でしょう。

攻めは強いですが、**実は守りが弱く**、いざという時に優柔不断なところがあります。若い頃の苦労は人生の中盤以降にひっくり返すことができる人なので、**30代後半から運気を味方にすることができる**でしょう。既に結果が出ている場合は、良い流れに乗り、本当に自分の好きなことができるようになるでしょう。

また、古い考えが好きなのが特徴です。クールに見せていますが、度胸はあるので周囲が驚くような人と仲良くなれたり、目上や年上の人、周囲が距離を置くような人と仲良くなることができる人でもあります。

考え方は理論的で理屈っぽい所があり、周囲からは少し冷たいと思われてしまいがちです。夢を語らないため、現実的に生きている人だと思われることもあるでしょう。

手先が器用で、基本的なことをしっかり学んでおくと驚くような才能を見せることもできます。視野も広く判断能力にも優れている人でしょう。

吸収能力が他の星と比べると格段にあるので、人生に困った時は、自分よりも上手くいっている人をマネすると簡単に道を開くことができるでしょう。ここまでみると、この星が素晴らしく見えますが、難点は、**勇み足が多く、せっかちになってしまったり、肝心な時に優柔不断になってしまう**ところ。用心深さに欠け、自ら危険なほうや形にならない方向に進んでしまうこともあるので、本当に信用できる人か冷静に判断する必要があるでしょう。

恋愛運

Gold Chameleon

美人や外見の整った人が多く、**自ら動かなくても相手から近寄ってきてくれたり、好意を寄せてくれることの多いタイプ。**そのため、相手がどんな人なのか冷静に分析することに長け、自分では当たり前だと思っていて、異性をチェックし過ぎてしまうところがあるでしょう。

相手の立場や状況を考えて、相手が今どんな気持ちか、自分がどうすることがこの恋にとっていいか考えて行動しますが、考え過ぎてしまったり計算をし過ぎて裏目に出たり、無駄な時間を過ごすことも。基本的には落ち着いた安定した人との恋を進めますが、**理想を高くし過ぎて、不倫をすることも多い**のがこの星の特徴でしょう。

夢を追いかける人や繊細さに欠ける異性はあなたの心を乱す相手なので、深入りしないように心掛けておきましょう。あなたの本質を見抜く、価値観の合う相手を探すことが良い恋に繋がるでしょう。

恋愛 開運3ヵ条

1 **選び過ぎは恋のチャンスを逃す**

2 **相手の気持ちがわかったら、すぐに攻めましょう**

3 **恋愛で無駄な浪費をしないように**

結婚運

Gold Chameleon

結婚願望をしっかり持ったタイプ。家や家族で安らげる空間を作ろうと努力をして、**家庭や家族を守る人になる**でしょう。恋愛で何度も失敗しても、結婚でいい相手を選ぶ可能性が高く、「恋愛は恋愛、結婚は結婚」と割り切った考えをしっかり持ったほうが、素敵な結婚生活を送れそう。周囲から**「付き合っていたタイプと全然違う人と結婚したね」と言われることが一番多い星**かも。

年齢の離れた落ち着いた人や、自分の生活を安定させてくれる相手なら、いい夫婦関係を作ることができるでしょう。自然と結婚相手をコントロールすることも上手になりますが、守ることばかり考えて、家庭を明るく楽しくすることを忘れないように心掛けておきましょう。

金運

Gold Chameleon

着実にお金を貯めるコツコツタイプ。**お金を使う目的を決めて貯めれば、思った以上に簡単に大金を手にすることができる**でしょう。お金のために副業をしたり努力を続けることは苦になりません。ただ、コツコツお金を貯めることばかりに集中して、小銭ばかり見て大きな出費に鈍感になっていると、お金を貯めるのに時間がかかってしまいそう。一年で一番高い買い物や、大きな出費の時には、周囲に相談したり、比較するように心掛けておくといいでしょう。

出世運

Gold Chameleon

手に職や技術を身に付けることで出世をするタイプ。そのため若い時には苦労が多く、評価が低く納得いかないことが多くなりそうですが、出世を望むなら、まずは習い事を始め、技術を身に付けることが重要になるでしょう。

職人さんや伝統的な仕事に就くことで能力が開花することが多い星。度胸もあるタイプなので、自分の尊敬する人に弟子入りをするのもよいでしょう。

どちらにしても若い時の苦労や勉強は、**40代以降に報われ始め、**遅い場合は50代になってから結果が出始めるので、それまで自分の技術を磨き続けてみましょう。

金のカメレオン座の開運キーワード10

1. レベルの高い人と一緒にいる
2. 大企業に入る
3. 自分の生き方や自分のやり方を通さない
4. 若い人の話を最後まで聞いてみる
5. 大人っぽいファッションを心掛ける
6. 憧れの人を作る
7. 料理をする
8. 学生時代の友人と一度離れてみる
9. 突っ込まれた時に困らないように答えを決める
10. 相手の才能を見つめて褒める

命数 41~50で 西暦の生年が奇数 →

銀のカメレオン座

落ち込んだら「そんな時もあるさ」と考えて

開運3ヵ条

1 新しいことに挑戦する

何かのレールに乗って、機械的に人生が進んでいく。それが悪いことだとは言いませんが、虚しさを感じることがあれば新しく何かに挑戦してください。人生は楽しむためにあり、こなすためにあるわけではないのですから。

2 若い友だちを作る

人の話を素直に聞くことができるのは、あなたの大きな長所です。後輩などの意見でもしっかりと聞くことができるはずです。自分より若い友だちを作り、常に耳を傾けましょう。人に慕われるとともに、運気もアップしていきます。

3 妄想は書き出す

妄想は、ただ妄想しているだけなら人生の無駄にしかなりません。妄想にスイッチが入ってしまったら、とりあえずその妄想をメモしてみましょう。あらゆる計画は、すべて妄想からはじまります。妄想をカタチにしてください。

銀のカメレオン座の本性

Silver Chameleon

世渡り上手なしっかり者

何かを自分で計画することは苦手ですが、計画されたものに対してはきちんと進めていくことができるタイプです。**物覚えが早いので、どのような集団でも即戦力として重宝されます。**しかし、**決断力に乏しく大事な局面で人任せになってしまいがち**です。そのため、信頼を失ってしまう恐れがあります。まずは、ざっくりと自分の人生の計画を立ててみましょう。旅の計画などでもいいです。計画を立てることの楽しさを知ることからはじめてください。また、常識人で考え方はしっかりしていますが、ちょっとしたことで落ち込みます。やがて妄想に走ることもあります。そんな時こそ、**新しく何かを学ぶチャンス**だと思ってください。

総合運

Silver Chameleon

物事を理論的、合理的に考え着実に人生を進め、時間とともに才能や個性を発揮できるタイプ。一見弱そうに見えたり、頼りない感じに映ることがありますが、実は**秘めた力がもっともある星**で、粘り強く、時には周囲が驚くようなことにチャレンジするパワフルな人でもあります。

人前と身内ではガラリと性格が変わり、良くも悪くも外面《そとづら》の良い人でもあるでしょう。自分の好きなことよりも得だと思えることを見つけると、長く続けることができます。そもそも学習能力が高い人なので、自分よりも優れている人のマネをしたり、勉強のコツを教えてもらうと自分でも思った以上に早く結果を出すことができるでしょう。

また、周囲と同化することが多く、レベルの高い場所に入ると自然と成長できますが、逆にレベルの低い所にいると、いつまでも成長しないままになってしまいます。**日々少し背伸びをして生きることが大切**になるでしょう。人間関係は希薄で、簡単に深い繋がりにはなりません。仲のいいグループがコロッと変わることも多いでしょう。それでも、本音を話せる親友を探し、本当に信頼できる人とは家族ぐるみで仲良くなることがあり、一度仲良くなると長い付き合いや深い付き合いを望みます。

自己判断はしっかりしていますが、受動的な傾向が強いため、周囲から判断を迫られると優柔不断になってしまいます。迷った時は、自分のこれまでの経験を活かして判断するとよいでしょう。**上手に他人に甘えることで人生を楽しく過ごせるタイプ**でもあるので、上手に周りに甘えてみては。自分よりも能力や才能のある人の近くにいることで、良い流れに乗れるようになるでしょう。

恋愛運

Silver Chameleon

魅力的に見えることが多いのがこの星ですが、男女共に恋では一歩引いてしまったり、相手を探り過ぎたりと、奥手になってしまいがち。**一度恋が始まると、本気で交際をするタイプ**でしょう。

好きな相手に、「引いてしまった」と感じる時こそ、自ら一歩踏み込んでデートに誘ってみたり、相手の予定を聞いて遊びに誘ってみる努力が必要。自分よりもレベルの高い相手を求め過ぎて、恋のチャンスを逃すことも多いでしょう。

女性の場合、特に恋では苦労や面倒事が多く、恋愛は結婚への練習だと思って「恋愛で失敗をしても、いい結婚ができればよい」と割り切っておきましょう。真剣に盛り上がった恋でも、結婚に進まない相手ならスッパリ縁を切って、結婚を意識できる相手を探す必要もあるでしょう。

恋愛 開運3ヵ条

1. **自分よりレベルの高い人を狙い過ぎないように**
2. **「金持ちには縁がある」と思いましょう**
3. **的外れな会話に気をつけて**

結婚運

交際中に将来の話や結婚の話になると、**どこか相手任せにするような返事や、優柔不断な態度が出てしまうタイプ**。「あなたが決めてくれたら従うのに」と思っていると、いつまでも前には進みません。互いの将来の夢の話をしたり、明るい未来を想像した話をして、**勢いで結婚を決める必要もある**でしょう。

結婚前後ではガラリと変わるタイプ。そもそも古風な考えを持っているので、家庭を守ろうとしたり、良い妻や良い夫になることが多く、突然、倹約家になったり将来のためにあれこれ考えて行動することが多くなるでしょう。

根が几帳面な人なのでしっかりとした生活を望みますが、相手が自分の頑張りを認めてくれなかったり、協力的でない状況が続いてしまうと、自分の好きなことを追い求めたり、突然爆発することもあるでしょう。

金運

お金のことだけを考えて、損得勘定だけですべてを判断して行動すれば、**自然とお金を手に入れることのできるタイプ**。ただ、ブランド物や高級な物にお金が流れてしまうこともあるので、「価値があるから」といって散財することは避けましょう。**几帳面さを活かせば着実に財を成します**が、祖父母の運命を引き継ぐことが多い星。祖父母にお金持ちがいる場合は、あなたも同じようにお金持ちになり、逆にお金に苦労した祖父母がいる場合は、同じようになりそうです。祖父母がどんな人か調べてみるといいでしょう。

出世運

Silver Chameleon

出世願望は他の星に比べるとやや低め。頑張って偉くなって責任を背負うよりも、現状の仕事をコツコツして安定したほうが楽でいいと考えるタイプ。

多くの仕事を器用にできるので、出世への道は遠くありませんが、肝心の意志が付いてこない場合があるでしょう。ただ、**声を活かした仕事が天職**なので、上司になって、部下や後輩を上手に言葉で操る能力も持っています。先輩や上司の仕事のやり方を観察して、マネをしたり、いい部分を吸収してみるといいでしょう。

銀のカメレオン座の 開運キーワード 10

1. お世話になった人にご馳走をする
2. 美味しいもの情報を周囲に教える
3. マネをする
4. 夢を語れるようにする
5. 趣味を増やす
6. 損得勘定で人と付き合わない
7. 昔からの縁から一度離れてみる
8. マメに貯金をする
9. 飲み会やパーティーに参加する
10. 屁理屈はホドホドに

命数 51〜60で

西暦の生年が偶数

金のイルカ座

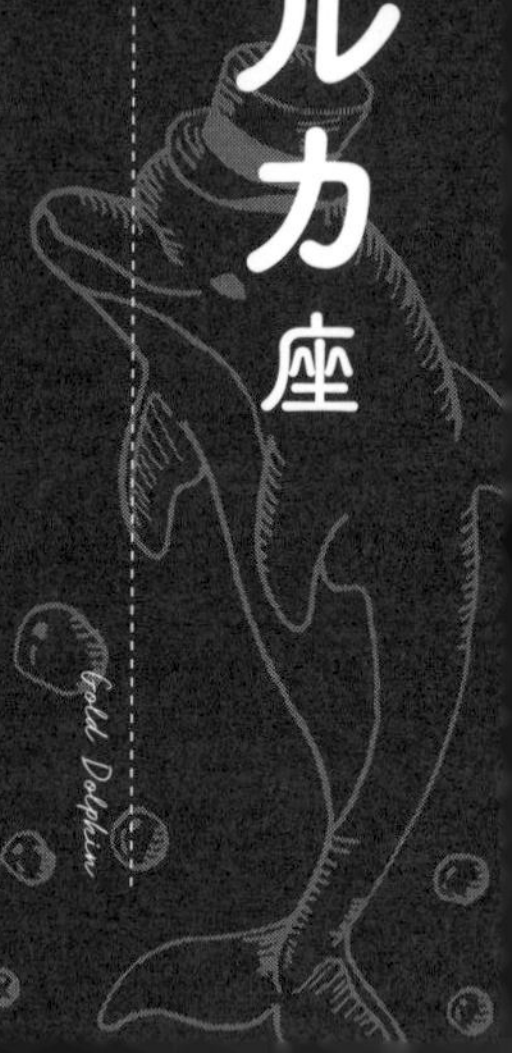

意地を張るのもほどほどに

開運3ヵ条

1 早寝遅起き

エネルギッシュで頑張り屋なので、とかくオーバーワークになりがちです。心身を労《いたわ》るためにも、オンとオフのメリハリをしっかりとつけましょう。早く寝て遅く起きることが大切。日々しっかり休みましょう。

2 ライバルを見つける

競争心があり、負けず嫌いの頑張り屋なので、同年代や目標となる相手を見つけることでパワーが出るタイプ。自分よりも少しレベルの高い相手を目指すことで能力も運気もアップしてくるでしょう。

3 注目を集める

服装でも、発言でも、行動でもいい、とにかく周囲の人から注目されるように振る舞ってください。注目されることが自分のパワーの源となります。期待を背負い、頑張り抜く能力に恵まれているので、多少過剰でもかまいません。

金のイルカ座の本性

Gold Dolphin

エネルギッシュな頑張り屋

負けず嫌いの頑張り屋。周囲から注目されることで自分を高め、更に努力することができるタイプ。何事にも積極的にチャレンジできますが、**身勝手な行動に走ったり、ワガママな発言が増えてしまう**こともありそう。持ち前のパワーが魅力となり、幅広い人脈もできるでしょう。地味な服装よりも、個性を表した物を身にまとったほうが運気の流れを引き寄せることもできそう。遊び人の気質もあるので、しっかり仕事をした後はしっかり遊んでストレスを発散したり、自分へのご褒美が必要となるでしょう。また、突然頑固になり過ぎてしまい、自らチャンスを逃してしまうことがあるので**意地を張り過ぎないように心掛ける**必要もあるでしょう。

総合運

Gold Dolphin

心は常に**高校1〜2年生のまま**の負けず嫌いの頑張り屋。周囲から注目されることで自分を高め、更に努力することができるタイプです。頑張ることは良いですが、どこか運動部のテンションのままで頑張りが空回りすることも多いでしょう。**仲間や友人を大切にすることで前に進むチャンスを摑みそう**。ワガママや身勝手なところが表面に出ているのに本人が気が付いていない場合があるので、周囲の視線や意見に耳を傾ける必要があるでしょう。特に耳の痛くなる話を聞き入れる気持ちがないと、トラブルや不運の原因に。

持ち前のパワーが魅力となり、幅広い人脈もできますが、ライバルや共に頑張れる人がいると、さらに力を発揮させることができます。

やる気が起きない時はライバルを見つけるといいでしょう。

地味な服装よりも、周囲よりも少しでも目立つ服装や、個性を表した物を身にまとったほうが気持ちが高まるので、アクセサリーを着ける時は大きめの物や派手な物を身に着けるといいでしょう。また、清潔感のある華やかな服装を選ぶようにすると人気も集めることができるので心掛けてみましょう。

根の部分に遊び人の気質もあるので、しっかり仕事をした後はしっかり遊んでストレス発散を。仕事や勉強ばかりにならないようにするか、仕事や勉強を遊びだと思ってしまうといいでしょう。遊ばないままや恋をしないとストレスが溜まり、勉強や仕事にも悪影響に。もし自分は真面目で遊びには興味がないという場合は、遊びや休みの予定をしっかり立ててみると運気の流れは自然と良い方向に進み始めるでしょう。

　また、**人に見せない裏側は頑固**なので、意地を張り過ぎたり、視野が突然狭くなり、自らチャンスを逃してしまうことがあるので、意地を張り過ぎないように心掛けましょう。控えめでいることは能力や運気を下げるので、日々努力をして、人前にしっかり立てるように心掛けておくと人生が楽しく過ごせるでしょう。

恋愛運

Gold Dolphin

自分好みの相手が現れれば積極的になれるか、猛烈な片思いが始まるタイプ。好きな気持ちをストレートに表現したり、仲良くなった人を好きになってしまうところは、まさに**高校生の恋**。相手のことも考えないで突然無謀な告白をすることも。押しの強さが交際のチャンスを摑むことになりますが、空回りをする原因でもあるでしょう。

　基本的には恋愛が好きで、常に周囲には異性がいたり、好きな人や片思いの相手がいそうです。**恋愛をしたほうが、仕事や勉強に集中できるタイプ**なので、片思いでも良いので、異性を好きでいる気持ちを大切にしましょう。アピール上手なため、複数の異性を相手にしてしまう場合や、**周囲が驚くような有名人、お金持ちをつかまえる**こともありそう。

恋愛 開運3ヵ条

1. 熱くなったら一歩引いて、相手をよく知ること
2. 異性からのおだてには要注意
3. 自分の話は控えて、聞き役になって

結婚運

Gold Dolphin

相手に頼りっぱなしの結婚生活ができないタイプ。基本的には勢いで結婚する可能性が高く、早く結婚をするか、仕事人間になってしまい、周囲では一番遅くに結婚をすることが多い人。**結婚生活は、できれば対等でいたい気持ちが強く、仕事も家庭も半々を望みそう。**

家庭に入ってのんびりする場合もありますが、自分の居場所を探して外に出てしまうことが多いでしょう。相手がこの考えに理解がないと、不仲になってしまったり離婚の決断まで早く進んでしまうこともあるでしょう。自己中心的に見える場合がありますが、それは常に対等で付き合いたい、自分は頑張っていたいと思う気持ちの表れです。

結婚を早めたい場合は、自分の頑張りを認めてくれる相手を。同じ職場や学校で定期的に会える場所で探すといいでしょう。行きつけの飲み屋、飲食店、イベントやサークルで素敵な出会いを掴むことができそう。互いに頑張って幸せになれる相手を探すといいでしょう。

金運

Gold Dolphin

お金を稼ぐためには、**表現の場や目立つ立場に自ら出ていくことが重要**。陰で目立たぬようにしているといつまでもお金には縁遠くなるタイプ。責任を背負い、周囲が面倒だと思う仕事をドンドン引き受けて、地味な仕事や雑用は他の人に任せてしまいましょう。**仕事をドンドンしてドンドン稼いで、ドンドン使う**。このサイクルがあなたにとって心地良くなるでしょう。根は、セコい所はありますが、ケチケチした感じは好まないので、豪快に使うほうに流されるでしょう。

出世運

目立つことで運気がアップするタイプ。出世しないで、雑用や下っ端の仕事を続けていても、いつまでも華が咲くことはないでしょう。若い時は、それなりの苦労はありますが、その苦労から学んで、どうすれば自分が目立つことができるか、注目されるポジションを探してみては。

ライバルが見つかると力を発揮することもできるので、同期や同レベルの相手に負けないように張り合うのも良いでしょう。いざ出世をした時は、部下や後輩に自分と同じようなテンションを求めますが、そこは人それぞれなので、冷静に仕事の向き不向きを教えてあげましょう。仲良くなって仕事の楽しさを教えてあげると良い上司にもなれるでしょう。

金のイルカ座の開運キーワード10

1. 目標をしっかり定める
2. 周囲を褒める
3. 他人の才能を認める
4. 恋をする
5. 華やかな服を着る
6. メリハリのある生活を心掛ける
7. お金だけを追い求める
8. お酒と博打はホドホドに
9. 見栄の張り過ぎに注意
10. 仕事をゲームだと思う

命数 51〜60で

西暦の生年が奇数

↓

銀のイルカ座

遊び心を大切に

開運3ヵ条

1 派手な服装をする

人に注目されることで運を引き寄せられるタイプ。地味で流行遅れの服を着るよりも最新のファッションを心掛けることが開運に繋がるでしょう。自分の存在を目立たせることが肝心でしょう。

2 メリハリのある生活を

「しっかり仕事をしてしっかり遊ぶ」メリハリのある生活を心掛けることが大切。仕事ばかりや遊びばかりになると開運にはならないでしょう。遊びの計画をしっかり立てることが開運となるでしょう。

3 恋をする

恋がパワーになるタイプです。恋をすると目標が増え、頑張るようになるでしょう。誰かを好きになったら、それが開運の門が開かれた状態です。恋人と結婚をしても常に恋愛の気持ちを忘れないように心掛けましょう。

銀のイルカ座の本性

Silver Dolphin

世渡り上手で華やかな人

柔軟な発想ができ、器用で要領良く人生を歩み、会話上手で周囲の人を楽しませることが好きな華やかなタイプ。自然と人脈も広く世渡り上手になる人でしょう。仕事は一生懸命に見せるフリが上手く、**本音は遊び大好き。**勉強や仕事を遊びと連動させると人生が自然と楽しくなるでしょう。趣味のために勉強したり、趣味を仕事にするのもいいでしょう。人生そのものも「遊び」と考えてしまうぐらいで丁度よいかも。人に見せない部分で頑固になり過ぎてしまうことがあるので、柔軟な発想は忘れないように心掛ける必要もあるでしょう。もし遊びが苦手だと思う場合は、旅行の計画を立て、遊びの目標をしっかり作ることで開運に繋がるでしょう。

総合運

Silver Dolphin

心は常に高校2〜3年生。頑張り屋で一生懸命に見せることが上手な、**少し冷静で、ちょっとズル賢いところがあるタイプ。**人当たりがよく、明るく、華があるので自然と周囲に人が集まります。トークも上手で周囲を楽しませることも上手い人。柔軟な発想ができ、器用で要領良く人生を歩むことができ、人脈も広く世渡り上手でしょう。時に厳しい言葉が出てしまうこともありますが、冗談にできたり、周囲を笑わせたりと、和ませ上手。魅力ある人のため、自然といろいろな人と仲良くなれたり、立場など関係なく交友関係を広げることができ、人気を集めてしまうこともありそうです。一見とても積極的に見えますが、実はかなり受け身で流されて生きてしまうところがあり、周囲から何か言われなかったらズルズル何もしないままでいることもある人でしょう。

何事にも遊び心が必要で、どんなに辛い時や苦労が続いた時でも「このどこが楽しいのだろうか？」「どうすれば面白くなるのかな？」と知恵を絞って、自分も周囲も明るいほうに導くことができると、人生が好転するようになるでしょう。その「遊び心」を強く持っているため、仕事や勉強は一生懸命に見せるフリが非常に上手く、本音は仕事嫌いの遊び大好き人間になってしまうこともあるでしょう。逆に言えば、**自分の楽しいと思えることが見つかれば、人生を遊びだと思うことで、魅力や才能を開花させられる**でしょう。

明るく陽気で魅力的に見える星ですが、幼少期は苦労しやすく、特に家族関係で悩みや不安な出来事が続きます。それをバネにして社会に出て力強くなる場合も。周囲から悩みがないと思われてしまうことが、悩みになってしまうこともあるでしょう。自分の力で一財を成すこともできるパワーの持ち主。自分も周囲も楽しませることを忘れないように心掛けましょう。

恋愛運

Silver Dolphin

社交性があり、華やかで自然と異性の心を摑んでしまうタイプなので、恋の相手が途切れてしまうことのほうが少なく、単純に「自分が気が付いていなかった」「興味がなかった」とチャンスを逃してしまう場合がありま す。仲良くなる異性は、どこか自分に好意があるのではないかと思ってみるといいでしょう。

また、華やかに見せる星のため、派手な感じや遊び人に見える場合がありますが、**恋には受け身**。なかなか一歩進められなかったり、相手に合わせ過ぎてしまうこともあるでしょう。自分でも積極的な時と、受け身の時の差が激しいと自覚しているはず。これまで、恋のチャンスがないと嘆くなら、髪型やファッションを華やかに変えてみること。特に美容室を替えて異性に髪を切ってもらうと、突然モテ始めることも。

自分が華のあるタイプだと自覚して、清潔感&華やかな服装を心掛けておきましょう。また、好みのタイプを見つけると、簡単に気持ちが動くのは良いですが、乗り換えが激しくなってしまったり、同時に他の異性と交際を続けてしまう場合もありそう。自分では浮気だと思わなくても、周囲から見れば、浮気そのものの行動をすることもあるでしょう。

恋愛 開運3ヵ条

1 恋に積極的になり過ぎて、一夜の恋にご用心

2 恋人に執着はしないように

3 自分の話はほどほどにして

結婚運

Silver Dolphin

一度結婚への気持ちが高まると止まらなくなり、相手にいろいろ望んでしまいそう。自分で空回りをすることがあるほど、結婚願望が強いタイプですが、仕事が好き過ぎたり、遊びに夢中になったりで、年齢を重ねてしまう場合があるでしょう。結婚相手には、自分の相手はしてくれるけれど、ある程度自分のことをほっといてくれる相手を望みます。自分の遊びの時間や楽しい時間を奪う相手とは、結婚に話を進めようとはしません。**ともに生活や人生を楽しめる、一生の遊び相手こそが、この星の結婚相手。**そのため肝心な生活力や経済力に欠ける相手と結婚してしまう場合もありますが、楽しい家庭を目指せば大きな問題にはならないでしょう。

金運

Silver Dolphin

人生を楽しむ高校2〜3年生にとって**お金は貯めるより使うほうに重点が置かれてしまい**、浪費癖や散財をする人が多く、油断をすると借金やローン地獄に落ちる人も少なくはありません。

と言って、投資やお金の勉強をするのも不向きなので、**お金を貯めるゲームを自分のルールで作ること。**一番良いのが、期限を決

めた貯金や**500円玉貯金**、友人や知人、家族との貯金競争など、遊び心があると自然と貯まり始めるでしょう。貯めたお金の使い道も「楽しいこと」にしておくと、更に貯まりやすくなるでしょう。

出世運

Silver Dolphin

出世のために仕事をするよりも**「楽しく仕事をしていたら出世していた」タイプ**。自分にも周囲へも、仕事の面白さを語ったり、職場のムードメーカーになるくらい楽しく仕事をすることが大切です。

仕事だけではなく、仕事仲間と飲みに出かけたり、取引先の人と遊びに行ったり、職場や部署の垣根を越えていろいろな人と楽しくすることで、周囲から頼れる人と思われて、自然と出世することがあるでしょう。部下や後輩に仕事を遊びだと思わせられるアイデアも出せるでしょう。

銀のイルカ座の開運キーワード10

1 何事にも遊び心を持つ
2 反論する前に聞き役になる
3 好きな人を作る
4 トークの練習をする
5 人の集まる場所に行く
6 過去に執着しない
7 腐れ縁は作らない
8 華やかな最新ファッションを心掛ける
9 音楽ライブに行く
10 他人も自分も許す

第　二　章

五星三心占いによる
60タイプ別開運3ヵ条とお金・結婚・出世のためのワンポイント

Dolphin　Chameleon　Clock　Phoenix　Indian　Compass

運気の良い時を知ることよりも、運気の悪い時を知ることのほうが大切だったりするのです。

運気の悪い時とは、学ぶ時であり、自分の足りないモノを補う時です。

運気が悪い時こそ何をすべきかを知る必要があります。

ここでは、〝五星三心占い〟により60タイプに分けて、それぞれの開運3ヵ条と開運アイテム、それに五欲のバランスをお伝えします。

五星三心占いの「五星」に関連した五欲が、**自我欲、表現欲、金欲、地位欲、名誉欲**です。

自我欲は、自分中心で生きたい、自分も目標のために生きる人。

表現欲は、食欲、SEX、お喋り、快楽追求欲。

金欲は、お金、現実的に物事を考える、不動産、損得勘定でいる人。

地位欲は、権力や地位にこだわる人、正義感、正しいを押し付ける。

名誉欲は、知的好奇心、芸術・美術、探究心、名誉にこだわる人。

人はこれらの欲望を複数持ち合わせ、そのバランスが性格を表しています。

人は欲望によって自分を作っています。みなさんの思っている「自分」とは「己の欲望」だと自覚したほうが良いでしょう。

では、自分がどんな欲望を持っているか、さらなる開運探しを続けてください。

Compass
命数
1の人
笑顔を大切に

開運3ヵ条
1 「でも」「だって」は言わない
2 他人のために頑張る
3 ライバルを見つける

あなたの本性
考え過ぎる心は高校1年生

開運カラー
赤、オレンジ

開運人
同い年の友だち、ライバル

開運食
クッキー、上品な食べ物

開運場所
スポーツジム、ホテル

お金
友人が持っているからといって購入しない

結婚
友だちの延長のような恋がいい

出世
ライバルを作るといい

五欲のバランス

自我欲 ★★★★★	金　欲 ★★★☆☆
表現欲 ★★☆☆☆	地位欲 ★★☆☆☆
	名誉欲 ★★★☆☆

Compass
命数
2の人
派手な服を着ましょう

開運3ヵ条
1 辛い時は弱音を吐く
2 団体行動をする
3 人の話を最後まで聞く

あなたの本性
刺激好きの心は高校3年生

開運カラー
白、黒、モノトーン

開運人
同い年の友だち、ライバル

開運食
和菓子、上品な食べ物

開運場所
ライブ、旅行先、ジェットコースター

お金
ポジティブな発言を身につければ一発逆転はある

結婚
異性に刺激は求めないこと

出世
与えられた仕事を合理的に進めるといい

五欲のバランス

自我欲 ★★★★☆	金　欲 ★★★★☆
表現欲 ★★☆☆☆	地位欲 ★★☆☆☆
	名誉欲 ★★☆☆☆

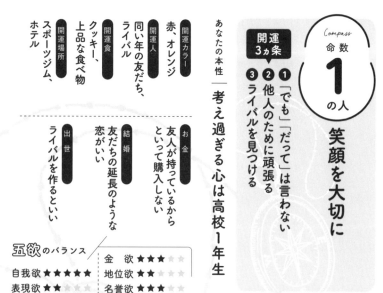

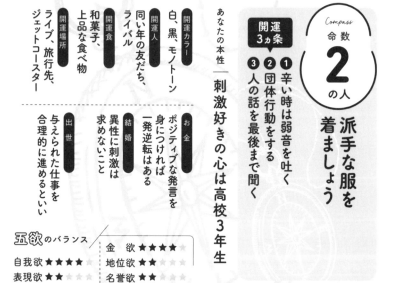

Compass 命数 **3** の人

話をたくさんしましょう

開運3ヵ条

1. 周囲を楽しませる
2. 「自分は運がいい」と呟く
3. 人を遊びに誘う

あなたの本性――**真面目風適当人間**

- **開運カラー** ピンク、オレンジ
- **開運人** 一緒に遊べる人
- **開運食** チョコレート、上品な食べ物
- **開運場所** アミューズメントパーク、楽しいところ

- **お金** 何となく入るが何となくなくなる
- **結婚** ポジティブな発言を続ければいい
- **出世** 職場や周囲を楽しませるといい

五欲のバランス

自我欲	★★★☆☆	金欲	★★★☆☆
表現欲	★★★★★	地位欲	★★★☆☆
		名誉欲	★☆☆☆☆

Compass 命数 **4** の人

余計な一言には要注意

開運3ヵ条

1. 愚痴は慎み、前向きな話をする
2. 空腹で人と話さない
3. 体力作りをする

あなたの本性――**お喋りネガティブ**

- **開運カラー** 白、黒、黄
- **開運人** 一緒に遊べる人
- **開運食** ファーストフード
- **開運場所** ギャラリー、カラオケ、カフェ

- **お金** 欲しい物はいらない、必要な物だけを買うように
- **結婚** 余計な一言に要注意
- **出世** 愚痴や不満は言わず、感謝の気持ちを言葉に出しましょう

五欲のバランス

自我欲	★★★☆☆	金欲	★★★☆☆
表現欲	★★★★★	地位欲	★★☆☆☆
		名誉欲	★★☆☆☆

※五欲の強さは最大で★5つで表します。

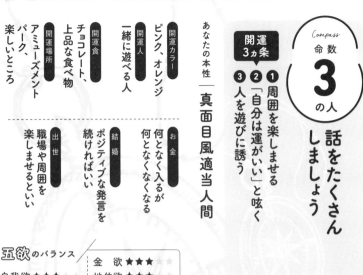

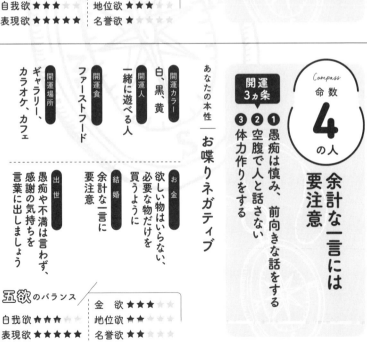

Compass
命数
5の人

損得勘定だけで動くのはやめましょう

開運3ヵ条
1 不慣れなよいしょはしない
2 適当な話をしない
3 流行りの服を着る

あなたの本性　損得勘定のカリスマ

開運カラー　白、ブルー
開運人　情報とお金を持っている人
開運食　旬の食べ物、上品な食べ物
開運場所　都会、ショッピングモール、温泉

お金　お金持ちに学びましょう
結婚　損得勘定を結婚に持ち込まないように
出世　情報能力が役立つでしょう

五欲のバランス

金欲	★★★★★
地位欲	★★☆☆☆
名誉欲	★★☆☆☆
自我欲	★★☆☆☆
表現欲	★☆☆☆☆

Compass
命数
6の人

自分を過小評価しないで

開運3ヵ条
1 ケチケチしない
2 美容とメイクにお金をかける
3 歯切れよく話す

あなたの本性　地味で真面目は天下一

開運カラー　白
開運人　情報とお金を持っている人
開運食　お米、おにぎり
開運場所　100円ショップ、バーゲン会場、温泉

お金　自己投資が必要でしょう
結婚　自分に自信を持つためにも、美容にお金をかけて
出世　仕事を楽しむことを忘れないように

五欲のバランス

金欲	★★★★☆
地位欲	★★★☆☆
名誉欲	★★☆☆☆
自我欲	★☆☆☆☆
表現欲	★☆☆☆☆

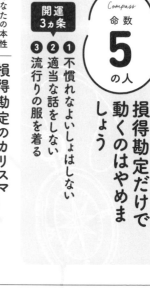

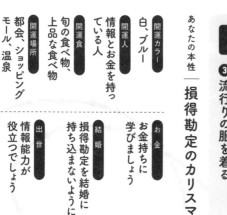

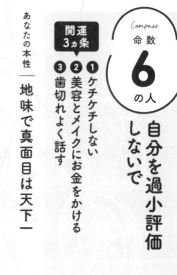

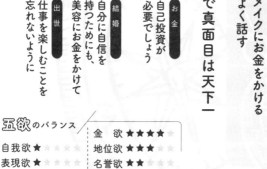

Compass 命数7の人

人任せはやめましょう

開運3ヵ条
1. ポジティブな言葉を使う
2. 言われる前に行動する
3. ネックレスの似合う服を着る

あなたの本性 ― おだてられたら何でもやる人

開運カラー　緑、白
開運人　年下、後輩
開運食　麺料理
開運場所　ホテル、マッサージ店、美容室

お金　お金を使う時は用心深く
結婚　焦って空回りに要注意
出世　経営者の立場を考えて仕事をするといい

五欲のバランス

自我欲 ★★★☆☆	金　欲 ★★★☆☆
表現欲 ★☆☆☆☆	地位欲 ★★★★☆
	名誉欲 ★☆☆☆☆

Compass 命数8の人

細かいことを気にしないで

開運3ヵ条
1. 音楽を聴く
2. 「何とかなる」を口癖に
3. 自分の欠点ばかりを考えない

あなたの本性 ― 上品と繊細の鏡

開運カラー　白、金
開運人　年下、後輩
開運食　フレンチコース、高級料理
開運場所　高級ホテル、上品な場所

お金　見栄での出費には注意
結婚　相手の欠点を探り過ぎないように
出世　上司と会社のために頑張ればいい

五欲のバランス

自我欲 ★☆☆☆☆	金　欲 ★★★☆☆
表現欲 ★★☆☆☆	地位欲 ★★★★☆
	名誉欲 ★★☆☆☆

※五欲の強さは最大で★5つで表します。

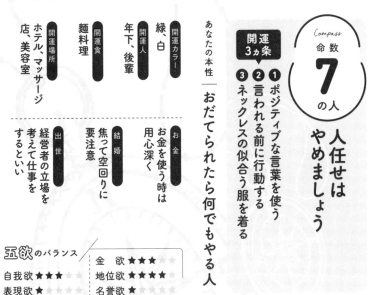

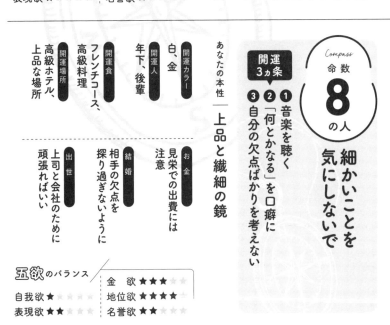

Compass 命数 9の人

人を小馬鹿にしないように

開運3ヵ条
1 屁理屈はほどほどに
2 好きな匂いを嗅ぐ
3 批判もほどほどに

あなたの本性 ― 天才か変態か紙一重

開運カラー 白、黒、紫
開運人 才能がある人
開運食 カレーライス、スパイシーな食べ物
開運場所 海外、マニアックな場所

お金 マニアックな買い物はホドホドに
結婚 家庭を持つことを恐れないこと
出世 周囲を褒めること、他人の才能を認めること

五欲のバランス

自我欲 ★★☆☆☆	金　欲 ★☆☆☆☆
表現欲 ★★☆☆☆	地位欲 ★☆☆☆☆
	名誉欲 ★★★★★

Compass 命数 10の人

どんな人でも尊敬しましょう

開運3ヵ条
1 将来の夢の話をする
2 偏った食事をやめる
3 芸術や美術の趣味を持つ

あなたの本性 ― 天才ネガティブ職人

開運カラー 白、黒、紫
開運人 才能がある人
開運食 和食
開運場所 図書館、歴史を感じる場所

お金 交際費をケチらないように
結婚 完璧な相手を求めないように
出世 融通の利くことが重要でしょう

五欲のバランス

自我欲 ★★☆☆☆	金　欲 ★★☆☆☆
表現欲 ★★☆☆☆	地位欲 ★★★☆☆
	名誉欲 ★★★★★

Indian
命数11の人

上下関係をしっかりしましょう

開運3ヵ条
1. いつも笑顔で
2. 知り合いの輪を大切に
3. 「でも」「だって」を言わない

あなたの本性
負けず嫌いな中学生

開運カラー　赤、オレンジ
開運人　同い年の友だち、ライバル
開運食　クッキー、ハンバーグ
開運場所　スポーツジム

お金　友だちが持っているからといって買わないように
結婚　身近な人や異性の友人と結婚するでしょう
出世　反論する前に、素直に受け止めましょう

五欲のバランス

自我欲 ★★★★☆	金　欲 ★★☆☆☆
表現欲 ★★★☆☆	地位欲 ★★☆☆☆
	名誉欲 ★★☆☆☆

Indian
命数12の人

博打的な行動は避けましょう

開運3ヵ条
1. ときには弱音を吐いて
2. 旅行やライブに行く
3. 人の話は最後まで聞く

あなたの本性
世渡り上手の冒険者

開運カラー　白、黒
開運人　同い年の友だち、ライバル
開運食　和菓子、オムライス
開運場所　ライブ、刺激的な場所

お金　博打や一発逆転ばかり狙わないように
結婚　「自分が好きでいたい」気持ちを優先し過ぎないように
出世　敵を作らないように、味方を増やしましょう

五欲のバランス

自我欲 ★★★★☆	金　欲 ★★★★☆
表現欲 ★★☆☆☆	地位欲 ★★★☆☆
	名誉欲 ★★☆☆☆

※五欲の強さは最大で★5つで表します。

Indian
命数
13の人

周囲を楽しませましょう

開運3ヵ条

❶カラオケに行く
❷知り合いや仲間を集める
❸「自分は運がいい」と言う

あなたの本性——学力よりも愛嬌の世渡り上手

開運カラー　ピンク、オレンジ

開運人　一緒に遊べる人

開運食　チョコレート、ハンバーグ

開運場所　遊園地、楽しいところ

お金　買い物をする日を決める

結婚　笑顔でいると楽しい家庭を持てる

出世　楽しく仕事をすること、愚痴や不満を言わぬように

五欲のバランス

自我欲 ★★★☆☆	金　欲 ★★★☆☆
表現欲 ★★★★☆	地位欲 ★★★☆☆
	名誉欲 ★★★☆☆

Indian
命数
14の人

過去の自慢話をしないように

開運3ヵ条

❶話の聞き役になる
❷空腹で人と会わないように
❸知り合いを増やす

あなたの本性——口先だけで生きる中学生

開運カラー　白、黒、黄

開運人　情報とお金を持っている人

開運食　ファーストフード

開運場所　カフェ、カラオケ

お金　浪費に要注意。積立預金をしましょう

結婚　一目惚れは良いが、異性の前で喋り過ぎないように

出世　上司や会社の愚痴を言わないように、自分を成長させて

五欲のバランス

自我欲 ★★★★☆	金　欲 ★★★☆☆
表現欲 ★★★★☆	地位欲 ★★★☆☆
	名誉欲 ★★★★☆

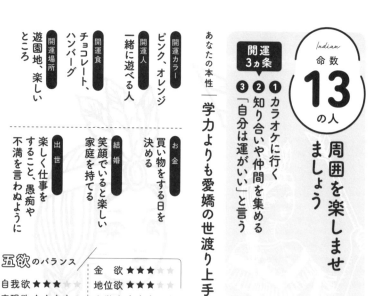

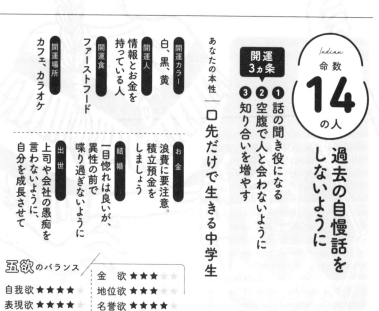

Indian
命数
15の人
適当な話をしないように

開運3ヵ条
1. 流行の服を着る
2. お酒の飲み過ぎに注意
3. 知り合いを集めて語る

あなたの本性｜落ち着きのない情報好きな中学生

開運カラー　白、オレンジ
開運人　情報とお金を持っている人
開運食　旬の食べ物
開運場所　トレンディな場所

お金　情報と人脈がお金に変わる
結婚　マメに会える人と落ち着くでしょう
出世　計算通りに進みますが、甘い計算をしないように

五欲のバランス
自我欲★★☆☆☆
表現欲★★★☆☆
金　欲★★★★☆
地位欲★★★☆☆
名誉欲★★☆☆☆

Indian
命数
16の人
言いたいことは言いましょう

開運3ヵ条
1. 目先の小銭に振り回されないで
2. 遠慮しないで図々しくなって
3. 音楽を聴く

あなたの本性｜休みを知らない中学生

開運カラー　白、オレンジ
開運人　才能がある人
開運食　おにぎり、お米料理
開運場所　100円ショップ、お金のかからない場所

お金　ケチケチしないでお金を楽しく使う方法も知っておきましょう
結婚　慎重になって逃すので、自信を持って一歩踏み込みましょう
出世　サポート役で評価されるタイプ

五欲のバランス
自我欲★☆☆☆☆
表現欲★★☆☆☆
金　欲★★★★☆
地位欲★★☆☆☆
名誉欲★★☆☆☆

※五欲の強さは最大で★5つで表します。

Indian 命数

17の人

自分が正しいと思い込まないで

開運3ヵ条

❶ 年下と遊んで
❷ 知り合いの輪を広げて
❸ 言ったことには責任を持って

あなたの本性 ―― マイペースな正義の味方

開運カラー 緑、白

開運人 年下、後輩

開運食 麺料理

開運場所 サービス業の店

お金 後輩や部下にご馳走し過ぎないように

結婚 押しが肝心ですが、空回りしやすいので要注意

出世 責任を自ら背負ってみるといいでしょう

五欲のバランス

自我欲 ★★☆☆☆	金　欲 ★★★☆☆
表現欲 ★★☆☆☆	地位欲 ★★★★☆
	名誉欲 ★★☆☆☆

Indian 命数

18の人

困ったら助けを求めましょう

開運3ヵ条

❶ 欠点ばかりの妄想は控えて
❷ 知り合いをできるだけ増やして
❸ テンションのあがる音楽を聴く

あなたの本性 ―― 落ち着きのないお嬢様

開運カラー 白、オレンジ

開運人 年下、後輩

開運食 高級料理

開運場所 高級ホテル、上品な場所

お金 見栄と衝動買いの出費はホドホドに

結婚 臆病になっていると時間だけが過ぎるだけ、勇気を出すこと

出世 礼儀とマナーがしっかりできれば自然と流れに乗る

五欲のバランス

自我欲 ★☆☆☆☆	金　欲 ★★★☆☆
表現欲 ★★★☆☆	地位欲 ★★★★☆
	名誉欲 ★★★☆☆

Indian 命数19の人

食事のバランスに気をつけて

開運3ヵ条

1. 目標を3つ作る
2. 言い訳しないように生きる
3. 知り合いを大切に

あなたの本性―妄想空想の天才児

開運カラー　白、黒、紫

開運人　才能がある人

開運食　カレーライス

開運場所　東南アジア、マニアックな場所

お金　浪費癖に要注意。貯金は3ヵ所以上にするといい

結婚　言い訳をするなら身を固めてからでいい

出世　他人を小馬鹿にしないで、認めるといい

五欲のバランス

自我欲★★☆☆☆	金　欲★☆☆☆☆
表現欲★★★★☆	地位欲★★☆☆☆
	名誉欲★★★★☆

Indian 命数20の人

語尾を柔らかく話しましょう

開運3ヵ条

1. 偏食に気をつける
2. 芸術や美術の趣味を持つ
3. 人に興味を持ち尊敬する

あなたの本性―理論と理屈マシーン

開運カラー　白、黒、紫

開運人　才能がある人

開運食　寿司、和食

開運場所　伝統的な場所

お金　自分独自の価値観が強いので、不思議な物はホドホドに

結婚　愛されたいなら自ら愛して

出世　年上の知り合いを増やす

五欲のバランス

自我欲★★★☆☆	金　欲★☆☆☆☆
表現欲★★★★☆	地位欲★★★☆☆
	名誉欲★★★★★

※五欲の強さは最大で★5つで表します。

Phoenix
命数
21の人
なんでも決めつけないように

開運3ヵ条
1. 手紙を書く
2. 目上の人への礼儀をしっかりと
3. 運動をする

あなたの本性
負けず嫌いと意地の塊

開運カラー 赤、オレンジ
開運人 同い年の友だち
開運食 クッキー、フライドチキン
開運場所 スポーツジム、運動場

お金 努力が収入に変わる
結婚 同級生や同僚が結婚相手になる
出世 上司や会社に反抗的な言葉を使わないように

五欲のバランス

自我欲★★★★★	金　欲★★★☆☆
表現欲★☆☆☆☆	地位欲★☆☆☆☆
	名誉欲★☆☆☆☆

Phoenix
命数
22の人
団体行動を楽しみましょう

開運3ヵ条
1. ライブや旅行に出かける
2. 柔軟な発想を心掛ける
3. 身勝手な行動を控える

あなたの本性
向上心あるヤンキー

開運カラー 白、黒
開運人 同い年の友だち、ライバル
開運食 和菓子、煎餅
開運場所 ライブ、刺激的な場所

お金 投資で大金を手にするが、勉強不足で大損もある
結婚 趣味、仕事、恋への情熱は別々に
出世 向上心があるのが良いが、周囲への感謝を忘れぬように

五欲のバランス

自我欲★★★★★	金　欲★★★★☆
表現欲★★☆☆☆	地位欲★★☆☆☆
	名誉欲★☆☆☆☆

Phoenix

命数23の人

何事も考え過ぎないで

開運3ヵ条

1. 集団の中に入る
2. 空腹で人に会わない
3. 周囲を楽しませて

あなたの本性

陽気な一匹オオカミ

開運カラー　ピンク、オレンジ

開運人　一緒に遊べる人

開運食　チョコレート、ナッツ類

開運場所　アミューズメントパーク

お金　自分の運の良さを信じて、努力と学びを怠らないように

結婚　愛嬌を身に付けて明るく元気に

出世　周囲の助けと味方を大切に

五欲のバランス

自我欲 ★★★☆☆	金欲 ★★☆☆☆
表現欲 ★★★★☆	地位欲 ★☆☆☆☆
	名誉欲 ★☆☆☆☆

Phoenix

命数24の人

体力作りをしましょう

開運3ヵ条

1. 前向きな話をする
2. 短気は損気
3. 恩は着せぬように

あなたの本性

頑固でも最後は勘

開運カラー　白、黒、黄

開運人　一緒に遊べる人

開運食　旬の食べ物

開運場所　アートを感じる場所

お金　使うならその分稼ぐように

結婚　過去の恋愛を引きずらないように

出世　会社への感謝と忠誠をアピールして

五欲のバランス

自我欲 ★★★☆☆	金欲 ★★★☆☆
表現欲 ★★★★☆	地位欲 ★★☆☆☆
	名誉欲 ★★★☆☆

※五欲の強さは最大で★5つで表します。

Phoenix
命数
25の人
人助けをしましょう

開運3ヵ条
❶適当な話はほどほどに
❷勝算があると思うなら実行して
❸温泉に行く

あなたの本性――お得情報の専門家

開運カラー 白、ブルー
開運人 情報とお金を持っている人
開運食 旬の食べ物
開運場所 都会的でおしゃれな場所

お金 投資やお金の運用の情報は、常に入手しておくといいでしょう
結婚 経済的なことを考え過ぎるより、自分の好きな気持ちを通したほうがいい
出世 仕事の楽しさを見つけるといい

五欲のバランス
金欲	★★★★☆
地位欲	★★☆☆☆
名誉欲	★★☆☆☆
自我欲	★★☆☆☆
表現欲	★★☆☆☆

Phoenix
命数
26の人
地道にコツコツなり過ぎない

開運3ヵ条
❶美容に関心を持つ
❷自信を持って行動する
❸手紙を書く

あなたの本性――じっくりゆっくり地道真面目

開運カラー 白、グレー
開運人 情報とお金を持っている人
開運食 煎餅、米料理
開運場所 お金のかからない場所

お金 細かい出費は気にしないで、大きな出費に気を付ければ貯まる
結婚 異性と一緒にいる時間を楽しむことが重要
出世 会社の二番手三番手を狙うと良い

五欲のバランス
金欲	★★★★☆
地位欲	★★☆☆☆
名誉欲	★☆☆☆☆
自我欲	★☆☆☆☆
表現欲	★☆☆☆☆

Phoenix
命数
27の人
お世辞を真に受けないで

開運3ヵ条
1 見栄を張らない
2 両親や祖父母を大切に
3 柔軟な対応を心掛けて

あなたの本性 ― 空回りの多い正義の味方

開運カラー 白、緑
開運人 年下、後輩
開運食 麺料理、ナッツ類
開運場所 ラーメン店、サービス業の店

お金 後輩や部下にご馳走することは良いですが、ホドホドを知りましょう
結婚 自分の考えが正しいと思い込み過ぎないように
出世 仕事をするなら経営者を目指して取り組みましょう

五欲のバランス

自我欲	★★☆☆☆	金欲	★★☆☆☆
表現欲	★☆☆☆☆	地位欲	★★★★☆
		名誉欲	★★☆☆☆

Phoenix
命数
28の人
くよくよしないように

開運3ヵ条
1 元気になる音楽を聴く
2 沢山の人に会って話す
3 考え過ぎに注意

あなたの本性 ― 一人好きの寂しがり屋

開運カラー 白、紫、オレンジ
開運人 才能がある人
開運食 カレーライス、固い食べ物
開運場所 品格のある場所

お金 見栄の出費はホドホドに
結婚 相手の欠点を見過ぎないように。うれしい時は笑顔で答えて
出世 まずは自分の上司を出世させることに専念するといい

五欲のバランス

自我欲	★★★☆☆	金欲	★★☆☆☆
表現欲	★★☆☆☆	地位欲	★★★★☆
		名誉欲	★★☆☆☆

※五欲の強さは最大で★5つで表します。

Phoenix 命数 29の人

理屈っぽくならないで

開運3ヵ条

1. 言い訳をしない
2. 批判的にならないで
3. 人の面白いところを認める

あなたの本性 頑固な自由人

開運カラー 白、黒、紫
開運人 才能がある人
開運食 和食、ナッツ類
開運場所 海外、マニアックな場所

お金 才能を磨けばお金は後からついてくる
結婚 いつまでも幼いままでは遠のく一方。結婚を遊びだと思うといいでしょう
出世 小さな会社で自分の好きな感じで仕事ができるといいでしょう

五欲のバランス

金欲 ★☆☆☆☆
地位欲 ★☆☆☆☆
名誉欲 ★★★★★
自我欲 ★★☆☆☆
表現欲 ★★☆☆☆

Phoenix 命数 30の人

体力作りをしましょう

開運3ヵ条

1. 偉そうな口調は使わない
2. 神社仏閣に行く
3. 人を馬鹿にしない

あなたの本性 いつも心は冷静沈着な老人

開運カラー 白、黒、黄
開運人 一緒に遊べる人
開運食 旬の食べ物
開運場所 図書館、喫茶店

お金 マニアックな物にお金を使い過ぎるのでホドホドに
結婚 すべての異性を尊敬すると早いでしょう
出世 目上の人を認めることでチャンスが巡ってくる

五欲のバランス

金欲 ★☆☆☆☆
地位欲 ★★☆☆☆
名誉欲 ★★★★☆
自我欲 ★★★☆☆
表現欲 ★★★☆☆

Clock 命数 31の人

学生時代の友人に縛られないように

開運3ヵ条
1. 反発はしないように
2. 運動をする
3. 現実的な目標を定める

あなたの本性 ― 平等第一の高校生

開運カラー　赤、紺
開運人　知り合いの多い人
開運食　ビスケット
開運場所　競技場

お金　少額でもお金の貸し借りは避けましょう
結婚　異性の友人が結婚相手へ
出世　人のために頑張ることができると出世へ

五欲のバランス

自我欲 ★★★☆☆	金　欲 ★★★☆☆
表現欲 ★★☆☆☆	地位欲 ★★★☆☆
	名誉欲 ★☆☆☆☆

Clock 命数 32の人

刺激ばかりを追い求めないように

開運3ヵ条
1. 旅行やライブにマメに行く
2. 悪友に振り回されないように
3. 人の話は最後までしっかり聞く

あなたの本性 ― 隠れ野心家

開運カラー　白、黒、グレー
開運人　ライブが好きな人
開運食　みたらし団子
開運場所　ライブハウス

お金　無駄な買い物と一発逆転を狙わないことが大切
結婚　「もっといい人がいる」と思っていると婚期を逃す。身の程を知るといい
出世　向上心があるが、気持ちがブレる。目標をしっかり定めて！

五欲のバランス

自我欲 ★★★★☆	金　欲 ★★★☆☆
表現欲 ★★☆☆☆	地位欲 ★★★★☆
	名誉欲 ★★☆☆☆

※五欲の強さは最大で★5つで表します。

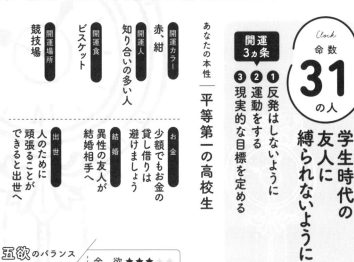

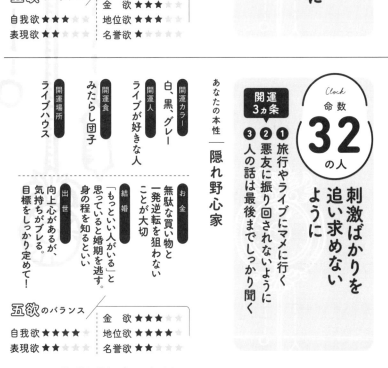

Clock
命数
33の人
ワガママな発言を控えましょう

開運3ヵ条
❶気分で判断しない
❷愚痴や不満を口に出さない
❸笑顔を心掛ける

あなたの本性｜**陽気な庶民**

開運カラー
ピンク、白

開運人
フットワークの軽い人

開運食
ケーキ

開運場所
ファミレス

お金
ブランドや高級な物は購入しないように

結婚
デキ婚率が高いタイプ。勢いは良いが相手選びは慎重に

出世
仕事の楽しさを周囲に教えてあげるようにするといい

五欲のバランス

自我欲★★☆☆☆	金　欲★★★☆☆
表現欲★★★★☆	地位欲★★★★☆
	名誉欲★★☆☆☆

Clock
命数
34の人
切らなくてはならない情もある

開運3ヵ条
❶空腹で人と会わない
❷人の面倒を見過ぎないように
❸話の聞き役になれる

あなたの本性｜**お喋り平民**

開運カラー
イエロー、白、黒

開運人
情報収集が好きな人

開運食
バナナ

開運場所
遊園地

お金
浪費に注意。「安い」からと不要な物は買わぬように

結婚
情から結婚に進むタイプ。夢と現実を見極めて

出世
自分の勘を信じて仕事をするといい。短気には要注意

五欲のバランス

自我欲★★★☆☆	金　欲★★☆☆☆
表現欲★★★★☆	地位欲★★☆☆☆
	名誉欲★★★☆☆

Clock 命数 35の人

情報に振り回されないように

開運3ヵ条

1. 小さな目標を立てる
2. 無駄な物を捨てる
3. 悪友との縁は切る

あなたの本性
下町の情報屋

開運カラー　紺、白

開運人　新しいことにチャレンジする人

開運食　焼き肉定食

開運場所　ショッピングモール

お金　部屋にある無駄な物を捨ててから購入しましょう

結婚　相手からの見返りは求め過ぎない

出世　ファッションや情報関係で能力を活かせる

五欲のバランス

自我欲	★★☆☆☆	金欲	★★★☆☆
表現欲	★★☆☆☆	地位欲	★★☆☆☆
		名誉欲	★★☆☆☆

Clock 命数 36の人

優しいや真面目が良いとは限らない

開運3ヵ条

1. 自分を過小評価しない
2. 流行の美に敏感になる
3. ケチケチしない

あなたの本性
人と小銭が大好きな優しい人

開運カラー　白、ピンク、オレンジ

開運人　マイペースな人

開運食　おにぎり

開運場所　図書館

お金　ケチケチし過ぎに注意。自分への投資も忘れぬように

結婚　自分に自信を持つこと、愛を優先すればいい

出世　サポート役で活躍できる人

五欲のバランス

自我欲	★☆☆☆☆	金欲	★★★☆☆
表現欲	★☆☆☆☆	地位欲	★★★☆☆
		名誉欲	★☆☆☆☆

※五欲の強さは最大で★5つで表します。

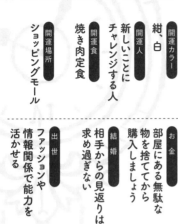

Clock 命数 37の人
調子のいい人に注意して

開運3ヵ条
1 習い事をする
2 何事も人任せにしないで
3 ネックレスをつける

あなたの本性 ― 面倒見が良過ぎる正義の味方

開運カラー 白、緑
開運人 年下、後輩
開運食 麺料理、味噌汁
開運場所 公園、サービス業の店

お金 お金の貸し借りは要注意
結婚 異性を褒め続ければいい
出世 経営者と話す時間を増やすようにする

五欲のバランス

自我欲 ★★★☆☆	金欲 ★★☆☆☆
表現欲 ★★☆☆☆	地位欲 ★★★★☆
	名誉欲 ★☆☆☆☆

Clock 命数 38の人
悪友と縁を切りましょう

開運3ヵ条
1 好きな音楽を聴く
2 ダンスを踊る
3 自己嫌悪しないように

あなたの本性 ― 上品な庶民

開運カラー 白、オレンジ
開運人 年下、後輩
開運食 フレンチ、高級料理
開運場所 クラシックコンサート、公園

お金 見栄で出費を控えるといい
結婚 誠実な愛を望むのは良いが、真面目に考え過ぎぬように
出世 上品に仕事を続ければいい

五欲のバランス

自我欲 ★★☆☆☆	金欲 ★★☆☆☆
表現欲 ★★☆☆☆	地位欲 ★★★☆☆
	名誉欲 ★★☆☆☆

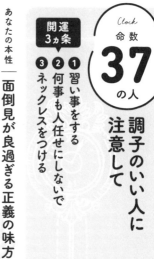

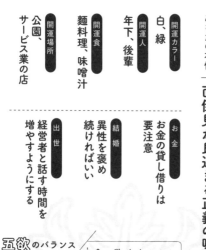

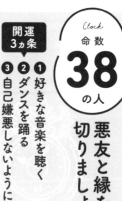

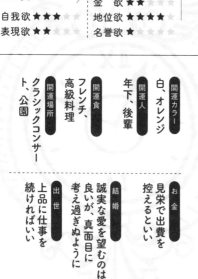

Clock 命数

39の人

議論で熱くならないように

開運3ヵ条
1. 言い訳をしないで
2. 食事のバランスに注意
3. 好きな匂いを嗅ぐ

あなたの本性　不思議風変態

開運カラー　白、黒、紫

開運人　才能がある人

開運食　カレーライス、家庭料理

開運場所　海外、マニアックな場所

お金　芸術や美術など不思議なことにお金が流れ過ぎる

結婚　個性的な人を望むが、相手に変化を求め過ぎぬように

出世　自由に仕事ができればいい

五欲のバランス

金欲	★☆☆☆☆
地位欲	★★☆☆☆
名誉欲	★★★★★
自我欲	★★★☆☆
表現欲	★★☆☆☆

Clock 命数

40の人

優しい言葉を心掛けて

開運3ヵ条
1. 人を敬って
2. 神社仏閣に行く
3. 美術館へ行く

あなたの本性　好き嫌いが激しい人好き

開運カラー　白、黒、紫

開運人　才能がある人

開運食　和食、鍋料理

開運場所　歴史のある場所、公園

お金　お金に関心が薄い分、ケチだと思われやすい。後輩や部下にご馳走するといい

結婚　選び過ぎて遠のく。異性を褒めることが大切

出世　上司のために頑張るといい

五欲のバランス

金欲	★☆☆☆☆
地位欲	★★☆☆☆
名誉欲	★★★★☆
自我欲	★★★☆☆
表現欲	★★☆☆☆

※五欲の強さは最大で★5つで表します。

Chameleon
命数
41の人
計画を立てて行動しましょう

開運3ヵ条
1 いつも笑顔を心掛ける
2 ライバルを作る
3 「でも」「だって」と言わないで

あなたの本性
攻めは強いが守りが弱い高校生

開運カラー 赤、オレンジ
開運人 同い年の友だち
開運食 クッキー、煮込み料理
開運場所 スポーツジム、劇場

お金 友人や知人と同じ物を欲しがらないように
結婚 異性に甘えることを覚えましょう
出世 頑張りが出世に繋がっているか考えて

五欲のバランス

自我欲 ★★★★★	金欲 ★★★★☆
表現欲 ★☆☆☆☆	地位欲 ★★★☆☆
	名誉欲 ★★★☆☆

Chameleon
命数
42の人
話は最後まで聞きましょう

開運3ヵ条
1 優柔不断に要注意
2 団体行動を好んで
3 コスプレをする

あなたの本性
度胸のある役者

開運カラー 白、黒
開運人 同い年の友だち、ライバル
開運食 和菓子、シチュー
開運場所 劇場、刺激的な場所

お金 欲望が裏目に出ることも多いので、謙虚と感謝を忘れぬように
結婚 自分よりも優れている人を探し過ぎる
出世 周囲で出世している人を観察して学べばいい

五欲のバランス

自我欲 ★★★★☆	金欲 ★★★★☆
表現欲 ★★☆☆☆	地位欲 ★★★★☆
	名誉欲 ★★☆☆☆

Chameleon 命数43の人

自分の意志はしっかりと伝えて

開運3ヵ条
1. 芸を身に付けて
2. カラオケに行く
3. マネをする

あなたの本性 幸運な気分屋

開運カラー ピンク、オレンジ、緑
開運人 一緒に遊べる人
開運食 チョコレート、煮込み料理
開運場所 アミューズメントパーク

お金 お金持ちと仲良くなるといい
結婚 甘えさせてくれる相手を探せばいい
出世 仕事の楽しみ方を伝えればいい

五欲のバランス

金欲 ★★★★☆	自我欲 ★★★☆☆
地位欲 ★★☆☆☆	表現欲 ★★★★☆
名誉欲 ★★☆☆☆	

Chameleon 命数44の人

早寝早起きを心掛けましょう

開運3ヵ条
1. スポーツを楽しむ
2. 若い人の話を聞く
3. 愚痴を言わない

あなたの本性 勘の良い野獣

開運カラー 白、黒、黄
開運人 一緒に遊べる人
開運食 ファーストフード、シチュー
開運場所 アートギャラリー、老舗

お金 お金使いは荒くなるので、計画的に使うように心掛ける
結婚 自分の勘を信じるといいが、異性の外見にこだわらぬように
出世 余計な一言や短気に気を付ければいい

五欲のバランス

金欲 ★★★☆☆	自我欲 ★★★★☆
地位欲 ★☆☆☆☆	表現欲 ★★★★★
名誉欲 ★★☆☆☆	

※五欲の強さは最大で★5つで表します。

Chameleon
命数
45の人
ボランティアに参加しましょう

開運3ヵ条
1 流行の服を着る
2 損得勘定で動かないで
3 無駄な物は捨てる

あなたの本性
計算と情報の天才

開運カラー 白、ブルー
開運人 情報とお金を持っている人
開運食 旬の食べ物
開運場所 トレンディな店

お金 お金だけを愛し続ければいい
結婚 いざという時に優柔不断にならぬように
出世 計画をしっかり立てることと、出世に何が必要か学べばいい

五欲のバランス

金欲	★★★★★
地位欲	★☆☆☆☆
名誉欲	★☆☆☆☆
自我欲	★★☆☆☆
表現欲	★★★☆☆

Chameleon
命数
46の人
想いを溜め込まないように

開運3ヵ条
1 ケチケチしないで
2 はっきりと話す
3 美容に関心を持つ

あなたの本性
お金好きの真面目人

開運カラー 白、緑
開運人 情報とお金を持っている人
開運食 リゾット、米料理
開運場所 100円ショップ、お城

お金 不動産や資産に縁があるが、小銭に執着しないように
結婚 慎重になり過ぎて逃しやすい。自分を信じて勢いが大切
出世 サポート役で高く評価される。時には厳しい発言も必要

五欲のバランス

金欲	★★★★★
地位欲	★★☆☆☆
名誉欲	★★☆☆☆
自我欲	★☆☆☆☆
表現欲	★☆☆☆☆

Chameleon 命数 47の人

臨機応変に対応しましょう

開運3ヵ条
1 おだてに乗らないで
2 見栄を張らないで
3 両親を大切に

あなたの本性
仕切りたがりの甘えん坊将軍

開運カラー 白、緑
開運人 年下、後輩
開運食 煮込みうどん、麺料理
開運場所 マッサージ店、劇場

お金 どんぶり勘定をやめて、計画的に使うといい
結婚 一度や二度で簡単に諦めないように
出世 経営者の知り合いから学びましょう

五欲のバランス

自我欲 ★★☆☆☆	金　欲 ★★★★☆
表現欲 ★★☆☆☆	地位欲 ★★★☆☆
	名誉欲 ★★☆☆☆

Chameleon 命数 48の人

自分のあら探しをしないで

開運3ヵ条
1 音楽を聴く
2 アロマを楽しむ
3 細かいことを気にしないで

あなたの本性
古風で上品なお嬢様

開運カラー 白、オレンジ
開運人 年下、後輩
開運食 ビーフシチュー、高級料理
開運場所 パーティー会場、老舗

お金 見栄で余計な出費が増えるのでホドホドに
結婚 一つでも素敵なところや愛せる部分があるなら勢いで
出世 目上の人に好かれてチャンスを掴む。挨拶をしっかりと

五欲のバランス

自我欲 ★★☆☆☆	金　欲 ★★★★☆
表現欲 ★★☆☆☆	地位欲 ★★★★★
	名誉欲 ★★★☆☆

※五欲の強さは最大で★5つで表します。

Chameleon
命数
49の人
陰口を言わないように

開運3ヵ条
1 人を小馬鹿にしない
2 偏食をしないで
3 好きな匂いを嗅ぐ

あなたの本性 新しい物好きの優柔不断

開運カラー 白、黒、紫
開運人 才能がある人
開運食 カレーライス
開運場所 東南アジア、お城

お金 計画的に貯めても、マニアックなことに出費する
結婚 言い訳をしているといつまでも変化なし
出世 上司や会社を小馬鹿にしている間は出世しない

五欲のバランス

金欲	★★★☆☆
地位欲	★★★☆☆
名誉欲	★★★★★
自我欲	★★☆☆☆
表現欲	★★☆☆☆

Chameleon
命数
50の人
バランスのいい食事を心掛けて

開運3ヵ条
1 芸術や美術の趣味を持つ
2 尊敬の念を持って
3 新しい考えを取り入れる

あなたの本性 博士、職人、芸術家

開運カラー 白、黒、紫
開運人 才能がある人
開運食 和食、煮込み料理
開運場所 歴史を感じさせる場所

お金 伝統や歴史あるモノにお金を使ってしまう
結婚 年齢の離れた人と縁がある
出世 年配者を味方に付けるといい

五欲のバランス

金欲	★★★☆☆
地位欲	★★★★☆
名誉欲	★★★★★
自我欲	★★★☆☆
表現欲	★★★☆☆

Dolphin
命数
51の人
上下関係をはっきりさせて

開運3ヵ条
1 遊び心を大切に
2 いつも笑顔で
3 目標となる人をつくる

あなたの本性
青春時代の高校生

開運カラー 赤、オレンジ
開運人 同い年の友だち
開運食 クッキー、ファミレス
開運場所 運動場、居酒屋

お金 他人の持っている物を欲しがって出費が増える
結婚 身近な場所で出会える人と結ばれる
出世 努力が出世に繋がるか考えて行動するといい

五欲のバランス

自我欲 ★★★★★	金　欲 ★☆☆☆☆
表現欲 ★☆☆☆☆	地位欲 ★☆☆☆☆
	名誉欲 ★☆☆☆☆

Dolphin
命数
52の人
仕事と遊びにメリハリをつけて

開運3ヵ条
1 しっかり遊んでしっかり仕事する
2 旅行に行く
3 コスプレをする

あなたの本性
一生部活のテンション

開運カラー 白、黒、ブルー
開運人 友だち、ライバル
開運食 和菓子、ファミレス
開運場所 刺激的な場所、カラオケ

お金 欲望が空回りして大出費をする。計画的に使いましょう
結婚 自分の好きな人と勢いで進める
出世 他人を利用してでも出世する

五欲のバランス

自我欲 ★★★★☆	金　欲 ★★☆☆☆
表現欲 ★★☆☆☆	地位欲 ★☆☆☆☆
	名誉欲 ★☆☆☆☆

※五欲の強さは最大で★5つで表します。

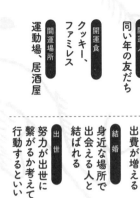

Dolphin
命数
53の人
自分の幸運を信じましょう

開運3ヵ条
1 人生は遊びだと思うこと
2 ダンスを踊る
3 恋をする

あなたの本性
ノリと勢いで運任せ

開運カラー
ピンク、オレンジ

開運人
一緒に遊べる人

開運食
チョコレート、食べ放題

開運場所
アミューズメントパーク

お金
出入りは激しいが何とかなる。自分も周囲も「楽しい」と思う物を買うといい

結婚
デキ婚率が高い、勢いタイプ

出世
仕事を遊びだと思うといい

五欲のバランス

金欲	★★★★☆
地位欲	★☆☆☆☆
名誉欲	★☆☆☆☆
自我欲	★★★☆☆
表現欲	★★★★★

Dolphin
命数
54の人
身体を動かしましょう

開運3ヵ条
1 愚痴はほどほど、人の話の聞き役に
2 決まった時間に寝る
3 沢山の人に会う

あなたの本性
お喋り高校生

開運カラー
白、黒、黄

開運人
話を聞いてくれる人

開運食
ファーストフード

開運場所
カフェ、居酒屋

お金
浪費が激しいので、積立預金をするといい

結婚
一目惚れを信じて突き進んで、相手に感謝を忘れぬように

出世
上司に感謝を表すと近道になる

五欲のバランス

金欲	★★★☆☆
地位欲	★☆☆☆☆
名誉欲	★☆☆☆☆
自我欲	★★★★☆
表現欲	★★★★★

Dolphin 命数 55の人

いい加減な話は慎むように

開運3ヵ条
1. 欲しい物を見つける
2. 遊びの予定をしっかり立てて
3. 温泉に行く

あなたの本性
芸能人風目立ちたがり屋

開運カラー　白、ブルー
開運人　情報とお金を持っている人
開運食　旬の食べ物
開運場所　トレンディな場所

お金　損得勘定ばかりしないように
結婚　お金よりも本当に好きな人を探すように
出世　計算が甘くなければ流れに乗る

五欲のバランス

自我欲 ★★★★☆	金　欲 ★★★★★
表現欲 ★★☆☆☆	地位欲 ★☆☆☆☆
	名誉欲 ★☆☆☆☆

Dolphin 命数 56の人

太っ腹なところを見せましょう

開運3ヵ条
1. 美容に関心を持つ
2. 目先のお金で動かぬように
3. 音楽を聴く

あなたの本性
頼らずコツコツ努力で我が道を行く

開運カラー　白、ブルー
開運人　情報とお金を持っている人
開運食　おにぎり、米料理
開運場所　100円ショップ、カラオケ

お金　ケチケチし過ぎないように
結婚　「引き癖」をやめればいい。自分を磨いて自信を持ちましょう
出世　2番手を狙ってサポート役で活躍するといい

五欲のバランス

自我欲 ★★★☆☆	金　欲 ★★★★★
表現欲 ★★☆☆☆	地位欲 ★★☆☆☆
	名誉欲 ★☆☆☆☆

※五欲の強さは最大で★5つで表します。

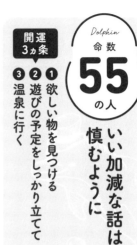

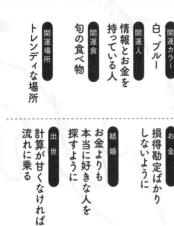

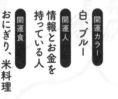

Dolphin 命数

57の人

遊びは自分から誘って

開運3ヵ条

1. ネックレスを付ける
2. 後輩や部下と遊ぶ
3. 早寝早起きをする

あなたの本性

行動力のあるザックリ社長

開運カラー 白、緑、ブルー

開運人 年下、後輩、遊び仲間

開運食 麺料理、食べ放題

開運場所 ラーメン店、サービス業の店

お金 義理と人情が落とし穴

結婚 自分が正しいと思い込み過ぎないように

出世 面倒見の良さが出世に繋がる。責任ある立場とは何かを学びましょう

五欲のバランス

金欲	★☆☆☆☆
地位欲	★★★★★
名誉欲	★☆☆☆☆
自我欲	★★★★☆
表現欲	★☆☆☆☆

Dolphin 命数

58の人

しっかり遊んでしっかり働く

開運3ヵ条

1. 好きな音楽を聴く
2. 冗談や失敗をネタにする
3. カラオケに行く

あなたの本性

礼儀正しい自分好き

開運カラー 白、ブルー、オレンジ

開運人 年下、後輩、遊び仲間

開運食 フレンチ、高級料理

開運場所 ホテル、気品のある場所

お金 見栄での出費はホドホドに。高級品が本当に必要か検討して

結婚 相手のチェックはホドホドに

出世 上品に仕事を続ければ道は開かれる

五欲のバランス

金欲	★☆☆☆☆
地位欲	★★★★☆
名誉欲	★★☆☆☆
自我欲	★★★☆☆
表現欲	★★☆☆☆

Dolphin
命数
59の人
責任感を身に付けましょう

開運3ヵ条
1. 言い訳をしない
2. 才能を磨く
3. 偏食に気をつける

あなたの本性
天才小学生

開運カラー
白、黒、紫

開運人
才能がある人

開運食
カレーライス

開運場所
海外、マニアックな所

お金
マニアックな物にお金が流れる。身内に貯めてもらうといい

結婚
自由を選んでいる限りないでしょう

出世
自分の好きな仕事に就ければいい

五欲のバランス

自我欲 ★★★☆☆	金欲 ★☆☆☆☆
表現欲 ★★★☆☆	地位欲 ★☆☆☆☆
	名誉欲 ★★★★★

Dolphin
命数
60の人
人と会うことに躊躇しないで

開運3ヵ条
1. 神社仏閣に行く
2. 尊敬できる人を見つける
3. 言葉の語尾を優しくする

あなたの本性
プライドの高い研究家

開運カラー
白、黒、紫

開運人
才能がある人

開運食
和食、ファミレス

開運場所
図書館、伝統的な場所

お金
価値があると思うと散財するが、基本的には安定

結婚
自分中心で考え過ぎぬように。愛せば愛される

出世
上司や会社のために頑張りを続ければいい

五欲のバランス

自我欲 ★★★☆☆	金欲 ★☆☆☆☆
表現欲 ★★☆☆☆	地位欲 ★★☆☆☆
	名誉欲 ★★★★☆

※五欲の強さは最大で★5つで表します。

Column 1

運気の周期とは

すべての人の運気は、法則に基づいています。運気には、天、海、地という3つの流れがあり、それぞれが9年、10年、12年、27年という周期で回っています。

この周期の他に、36年、60年、108年、120年、144年という大きな周期もあり、いろいろな周期がぐるぐると回っています。人それぞれ、その回り方に個性が出ます。それがどのように動くかを予測するのが占いなのです。

どんな人も一度は、他者と何度か同じ運気を通ります。ただ、ベースの性格や行動パターンが違うから経験することや見ることが違ってくるのです。例えば、ある人は刺激を求め、ある人は人を求め、ある人はお金を求めます。ですから、同じところを通っても世界はまったく違うように見えてしまうのです。ちょうど、同じホテルでも泊まる部屋によって景色が違うように見えるのと同じことです。1階から見る風景と最上階から見る風景ではまったく違いますよね。そういうことです。

『五星三心占い』で考えると人間は最長で120歳しか生きられないことになっています。その間に、巡ってくる運気を知ることが大切なのです。

Getters Iida Getters Iida
Better Fortune Book

第三章

ゲッターズ飯田の
開運生活
お金・結婚・出世を叶える10ヵ条と自分のほんとうの幸せを見つけるための30節

みんな好きなことをやればいい。
そして、それに一生懸命になればいい。
開運が幸福になることだとするならば、それこそが真髄です。
開運を左右する運気とは、心のリズムのことです。
運気がいいからジャンケンに勝つわけではなく、
運気がいいからクジに当たるわけでもなく、
運気がいいから単純に良いことが起こるわけでもありません。
運気は心のリズムであり、運気が良い時こそ、決断するべきなのです。
そもそも、開運とは何なのか?
まずは、僕自身のことを例にとりながらお伝えします。

ゲッターズ飯田の開運生活

目標を持たなくてもいい。流されていても開運はある。

開運や成功術に関する啓発書の類《たぐい》には、「目標を持つ」という言葉が力強く表現されていることが多いようです。目標を持ち、計画を練り、実行し、努力を重ね、達成する。確かに、その時の達成感こそが幸福感とする見方があります。そこには喜びがあり、心も満たされるはずです。

しかし、それは限られた人の幸福感であり開運のイメージでしかなく、そもそも、目標を持つことができる人と持とうとも思わない人がいます。

「目標を持つ」ことが開運（もしくは幸福）の第一歩だと信じると、多くの人は目標を探すばかりでただ迷うだけになってしまいます。

まず、**目標は持たなくてもいい**。

僕自身、目標を持とうとも思わない人間ですから。僕は、ただ流されて生きているのです。そもそも占い師になりたくてなったわけではなく、ただ、占い好きなだけで、いろんな人を占っていました。理由は「**ただ面白いから**」、それだけです。お金が欲しくて占いを始めたものでもないので、紹介があれば本当に無償で、20年以上占いをやってきました。理由は「面白くなくなるから」。占うことが好きなだけで、人の求めにひたすら応じていたら、周囲が「飯田の占いが面白い！」と言ってくれて、いつの間にか占い師と呼ばれるようになっただけです。

お笑い芸人という夢を諦め、何の目的も目標もなくなってしまった時、声をかけてくれる人がたくさんいました。前説だったり、構成作家の仕事だったり、占いだったり……。いろんなことを頼まれました。僕は、それらのことを有り難く感じて、ただ一生懸命応えようとしてきただけです。その恩をどうやって返そうか、今でも日々、それだけを考えています。

もちろん、「自分はこれだ！　自分はこれに向いている！」と目標を立てるのは良いことだと思います。しかし、流されていても真面目に一生懸命やっていればなんとかなるものです。

求められることに素直に応える。自分の居場所が見つかれば、人は心から満足できる。目的や目標はなくても、幸せになることは十分あります。

自分のことがわからなければ、何が幸せなのかもわからない。

「開運」という言葉で、多くの人が連想するのは「お金」でしょう。博打などで予想外のお金が入れば「ツイてる！」と誰もが感じるでしょう。しかし、これは、**「運気が良い」ということとはほとんど関係がありません。**

世間的に見れば幸せの絶頂であるはずの〝お金持ち〟が、必ずしも心が満たされていなかったりします。〝お金持ち〟の悩みは、お金で解決できないだけに余計に厄介です。

創作で心が満たされる人もいれば、人間関係で満たされる人もいます。セックスで心が満たされる人もいれば、地位で満たされる人もいます。

人の幸福感とは、人それぞれなのです。目標がなくても好きなことをしていれば、心は満たされます。自分が好きなことの中に開運への糸口が隠されています。

「さて、自分はいったい何が好きなのか？」

それさえ実感できない時もあるでしょう。そんな時は、**自分を知ることからはじめてください。**自分を知ることは、開運のチャンスを本質的に活かすことになります。

占いは、自分を知るためのひとつのツールでもあります。たとえ「当たらない」と感じたとしても、自分を再認識するきっかけを与えられます。例えば、頑固な人ほど、占いで「頑固者」と指摘すると、「頑固じゃない」と頑固に力強く否定してきます。そして、それをさらに指摘すると、「そういえば、少し頑固かもしれない」と自己分析しはじめるのです。

「目標がない」「好きなことがない」「自分のことがわからない」。本書は、まさにそんな方々に読み進めて頂きたいと思っています。

ないことだらけでも、**とにかく行動することです**。この本を読むのでもいい。何でもいい。散歩でもいい。少しでも多くのシーンの中に身を置くことが大切です。

そして、本書の中で、できそうなことだけ実践してみてください。「無理」「難しい」と思い込む前に実践する。少しだけ何かが変わるはずです。

良い運気とは、決断の時。
そのタイミングを掴むことが大切。

「占いで運気がいい時期のはずなのに良いことが起きない！」と嘆く人がいます。**幸運の天井の高さは、日々の努力で決まってきます**。何の努力もしない人には何の幸運も来ないということを理解してください。

では、運気がいいとは何のことか？

それは、**決断する時期**です。引っ越しをする、転職をする、習い事を始める、買い物をする、家を買う、など、自分の人生を決めるタイミングのいい時期が運気のいい時期なのです。その時期に決断して何かを始めれば時間をかけて良い方向に進んでいきます。

自然にそのタイミングを掴み良い決断ができるようになることこそが、**開運そのもの**です。

運気が良いからといって単純に良いことが起きるばかりじゃない、運がいいからこその「不運と感じる」こともあります。それは、そこから何かを学べるという幸運でもあります。

運気が良いなら動けばいい。
運気が良いなら決断をすればいい。
運気が良いなら始めればいい。
誰にでも、開運のチャンスは巡ってきます。焦らずに、まずは、その時を迎えるための準備が大切。
幸運はそれを心待ちにしている人にやって来るものだから。

お金・結婚・出世を叶える10ヵ条と自分のほんとうの幸せを見つけるための30節

1 自分を知れば、幸せになれる

幸運とは、それが幸運だと理解できずに手にしてしまうと、その価値がわかりません。お金・結婚・出世など、誰もが望むことも、願いが叶ったと思うのか、このくらいか、と思うのか、どう思えるか、どう感じるか。自分のなかで、小さな幸運を見つけられれば、大きな幸運も見つかるはずです。

お金持ちになりたければ、結婚したければ、出世したければ。

それぞれの願いを叶える10ヵ条とあわせて、ほんとうの幸せを見つけるためのポイントを以下の文章でまとめました。常識にとらわれず、素直な気持ちで読んでみてください。きっと、あなたのための開運の法則が見つかります。

2 幸せになりたければ、まねしてみればいい

学ぶの語源はまねる。まねることは学ぶことです。お金がない、結婚できない、出世できない、いろいろな不満を抱える前に、どうしたら成功するか、幸せになれるかを考えてみることです。

まねしてみればいいのです。自分が望む道の先にいる人、成功している人のマネをすることが一番大切です。上手くいかない、と不満を言う人の

多くは、自我が強く、プライドが高い。自分を通そうとします。

幸せになりたいのなら、プライドは要りません。そんなものを持っているから上手くいかないのです。上手くいかないなら、捨てればいい。でも、人は多く自分が正しいと思い込むから、そのままの自分を通そうとします。なかなか捨てることができません。

では、どうするか。

まねしてみればいいのです。お金持ちの、恋が上手にできる人の、成功者の、外見、喋り方、仕事の仕方、態度、あらゆることを観察して、勉強してまねをしてみることです。

それは悪いことではなく、そうすることで自分になかった発想や、知らなかった世界を知るきっかけになるはずです。成功者には、必ず共通点があるものです。その共通点を観察して、まねをする。まねをして、呼吸して、成長すればいいのです。そうして学ぶことから、己の小ささがわかります。幸せになるための近道は、まず、まねしてみることです。

3 人は自分が興味のないことを幸運とは思わない

あるお金持ちが宝くじで10万円が当たった、と話してくれたことがあります。普通なら喜ぶところですが、彼は、

「10万円が当たってもねぇ。夕食一回でしょ」

と、それほど喜んでいませんでした。どんな夕食だ！　と思ってしまいますが、お金があるからこそ10万円の価値が一般的な感覚とは違ってしまっているのです。10万円では喜べなくなっているのです。

人によって、幸運を幸運とは思えなくなる、という場面をいろいろと見てきました。

ある俳優さんを占った時に、

「今年は絶好調だって飯田さんに言われたけど、全然いいことないですよ」

と、言われたことがあります。

「いいはずなんですがね〜」

と、答えると、

「映画が2本とCMが1本くらいしかありませんよ」

映画にCMに、それぞれ出演しているのに、その人には〝全然いいことない〟としか感じられない。「出られている」と思うのか、「この程度」と思うのか。その人がどう思えるか、感じられるかは、その人次第です。後から考えて、幸運だったと気付くこともあれば、いつまでも気付かないこともあります。

幸せは、いろいろなところにあるから、「これも幸運かもしれない」と、視野を広げることが大切です。努力したことの結果が出なければ幸運とは思えなかったり、自分の幸運はこれ、と決めつけ過ぎたりすることは、幸運を逃すことにもなります。真面目に生きることが必ずしも幸運になるとは限りません。

臨機応変に物事に対応できるほうが、開運に繋がったりするのです。たくさん経験を積み苦労が増えてきて、そのために努力を重ねていくと、何が幸運なのかが次第に見えてくるでしょう。最初から大きな幸運ばかり見ていると、小さな幸運を見逃してしまう。その結果、大きな幸運までも逃してしまいます。

日々のなかにある、いろいろな幸運に気付けるように生きることが大切なことなのです。

4 モテたいなら、言い訳をしなければいい

「この人、綺麗だな〜」

出会った瞬間に、好きになる。一目惚れは誰にでも経験があるもの。モテる人と、モテない人の差は、その瞬間に敏感か、鈍感か。敏感な人がモテる人で、鈍感な人がモテない人です。異性が自分に惚れているな、と勘違いしてしまう人も、モテる人と言えるかもしれません。

その瞬間に、自分なんて……と卑屈になったり、

妙に自信がなかったりしてしまうと、本当に恋のチャンスを逃してしまいます。

　余計な自意識は要りません。過剰に自分のことを考えなくてもいいのです。どんな人にも弱点や欠点があって、深く掘り下げれば掘り下げるほど、どんどん自信がなくなってしまいます。**モテない理由は、自分がモテない理由を探しているから**です。自分がモテない言い訳を探してしまうからです。

　言い訳ばかりしている人と、言い訳せずにハッキリした人、どちらと付き合いたくなるかは明白です。カラッと明るく、しょ～がないね、と負けを認めたりしてあっさりしている人のほうが付き合いやすい。

　自分の欠点ばかり見て、**言い訳を探すのをやめること**。そうすれば、恋のチャンスはぐんと摑みやすくなります。では、どうするか？

　まず、普通でいる、一般的であることです。外見にコンプレックスがあるのなら、ある程度、普通に見えるようにしてみる。飛び抜けてカッコいい、は必要ありません。身だしなみを小綺麗にして、清潔を心掛ければいいのです。普通でよいのですよ。**自分を押し通すよりも、普通であることが大切**です。こうして、言い訳できない自分を作っていけばいいのです。言い訳できない環境を、自分で作ってあげればいいのです。

5／アンパンマンになりたくて

　先日、ある会社のお偉いさんにお会いすることになりました。都内でかなり美味しい焼き肉屋さんに連れていってもらったのですが、自分で焼くのではなく、一枚一枚丁寧に店員さんが焼いてくれる、しかもタレントになってもおかしくないくらいかわいい人が焼いてくれる店です。

　ちなみに女性客には超イケメンが焼いてくれるらしい。いろいろ美味しい焼き肉を食べましたが、これまでの焼き肉の中でも本当に一番美味しい店だと思ったほどです。しかも帰りには、お土産に美味しいバウムクーヘンを頂きました。数ヵ月後、今度は、その方の言う、都内で一番美味しい店へ。しかも10年以上にわたり、〝一番美味しい〟を続けている店に行き、どれも驚くようなお寿司ばかりをご馳走になりました。また帰りにお土産を頂き、

「なぜこんなにご馳走してくれるんですか？」

と尋ねると、

「僕はアンパンマンになりたいんですよ。どんなに強いヒーローでもどんなにお金持ちでも、お腹が空いた時に食べ物を出されたら絶対に勝てない。勝てないなら美味しい食べ物をご馳走し続けることが最強だと思うから、僕は全国の美味しいものを知り尽くしたいと思ってます」

そう言っていました。食事中も何度もいろいろな人から連絡があり、

「京都にいるの？　西？　東？　じゃ〜○○だね。ちょっと待って僕の名ですぐに席取ってもらうから」

と、何度もやっていました。

この方、実際に仕事もできるんですが、これだけグルメを究めると周囲からの信頼も絶大で、なによりサービス精神が旺盛過ぎます。美味しい物をトコトン知り尽くし、それを周囲に教えるだけで出世する人もいるのです。

6 「当たり前」に感謝するといい

幸せは日常や習慣の中にあって、不運があって初めて気付くものです。**「不運」は、普段の当たり前の幸せの確認のためにあるもの。**何よりも、日々普通なことが幸せなのです。ただ、それに気付いていないだけなのです。普段の幸せに鈍感なだけです。だから不幸や不運が時折やって来て、これが幸せだと、これが幸運だと教えてくれます。

些細なことへの感謝は忘れないこと、些細な不愉快は気にしないことが大切です。**「当たり前」、**

そう思ったら、それは感謝することです。当たり前のことだからつい忘れがちですが、だからこそ、感謝を忘れないように生きなければいけません。良いことも悪いことも、人は忘れるものです。少しだけ良いほうを覚えているだけで、それが幸せです。

7 順序を守る

本気で出世をしたいなら、自分の上司をもっと出世させるといい。自分の上司がどうしたら更に出世できるかだけを考えて、仕事をします。

上司が偉くなれば自然と自分も出世できるでしょう。順番を抜こうとしたり、足を引っ張ろうとすると、それは自分に返ってくるだけ。上司を押し上げれば自分も自然と上がるもの。

8 小さな勝ちにこだわること

どんなに小さなことでも良いので、勝ちにはこだわったほうがいい。そんな話を教えてくれた人がいます。

「飯田ちゃん最近凄いね〜」

と、世間が全く僕を知らない頃、

「業界で飯田ちゃんの名前、聞くよ〜。仕事増えてるでしょ？」

と。確かに仕事が増え始めていた頃で、

「勝ちには、ドンドン勝ちが集まるから。ゴルフでも一度勝つと、スポンサーが付いたり、良いキャディーが付いたり、良いトレーナーが付いたり、勝てば勝つほど更に勝てるサイクルに入るから、どんな小さな勝ちでも大切にしないとね」

と、教えてくれました。僕は特に何かに勝っているわけではないのですが、一度流れに乗ってからはドンドン仕事が来る。小さな勝ちを大切にすることを忘れないように心掛けています。

9 五欲が表す、その人の一番の目標と性格

自分の幸せが何かを見つけるために、ひとつの質問があります。

「ゲッターズ飯田は無償で占いをしています。それはなぜでしょう？」

この質問への答えで、自分や周囲の人がどんな人なのかがわかります。答えはだいたい5パターンに分かれます。

1. 本当に人が好きなんだ（人の繋がり）
2. モテたいから（性欲）
3. 無償と言いながら、あとで壺を売られたりお金を請求される（お金）
4. 洗脳されて支配される（権力）
5. 占いを極めている（探究心）

人、性欲、お金、権力、探究心、これら5つの答えに分かれます。この5つの答えは、それぞれ「**自我欲**」「**表現欲**」「**金欲**」「**地位欲**」「**名誉欲**」の**五欲**と言われる欲望を表しています。人はこれらの欲望を複数持ち合わせ、そのバランスが性格を表します。

人との繋がりや、「いい人だ」という答

お金持ちになりたければ 10カ条

1. ゴミになる物は持ち帰らない
2. 合理的に生きることだけを考える
3. 「お金がある」と言い続ける
4. お金持ちやお金の悪口は絶対言わない
5. 無駄な物はドンドン捨てる
6. 他人を褒める、他人を認める
7. ネットや雑誌、TVの情報を鵜呑みにしない
8. 情報は専門家から入手する。本を読む
9. 自分も周囲も「楽しい」で買い物する
10. 上品に生きる

えが浮かんだ人は、自我欲が強い人。仕事では尊敬できる上司に恵まれれば頑張るタイプで、恋愛では情にもろく、面倒見が良く、押しに弱い人です。

性欲に関する答えが浮かんだ人は、表現欲が強いタイプです。仕事では楽しい職場、面白い仕事、サービス業向き。恋愛では、セックスと味覚が合わないと長続きしません。

お金に関する答えが浮かんだ人は、金欲が強い人です。仕事では、給料に不満があり、恋愛では相手の将来性や収入を気にします。

権力や支配に関する答えが浮かんだ人は、地位欲が強いタイプ。仕事では、出世したいという上昇志向が強く、独立・起業を目指す人です。恋愛では、自分が優位な立場で相手を支配したい、自分の都合で甘えたいと考える傾向があります。

探究心や研究心に関する答えが浮かんだ人は、名誉欲が強いタイプです。仕事では、究められる仕事、研究職、学者、職人的な仕事が向いていますが、偉そうになり過ぎて理屈っぽい人になる傾向があります。恋愛では、尊敬できる人や才能のある人を好みます。

人は他人を評価したり、批判したりする時の基準に、自分の欲望、自分の人間性でしか判断ができません。自分の幸せを見つけるために、自分を見つめる時のヒントにもなるはずです。

たとえば、日々、お金のことを考えがちなら、「それ、儲かるの？」とか、安い・高いの話が多くなったりします。

この質問をして、自分と似た答えを返す人とは仲良くなりやすいはず。自分の欲望、相手の欲望を五欲のなかから見つけるのは、その人の一番の目標と性格を知るきっかけになります。そこから、あなた自身の本当の幸せを見つけることができるでしょう。

10／幸せになりたければ、嘘つきになるといい

幸せになりたければ、幸運を掴みたければ嘘つきになればいいのです。ただ、ここでの嘘つきは自分を守るための嘘や自分得の嘘ではなく、相手が喜んでくれる嘘つきになるといい、ということです。

「若いですね」「綺麗ですね」「今日も元気ですね」「面白いですね」「一緒にいると楽しいですね」

どれも言われて嫌な気はしません。もちろんタイミングやその場の空気もありますが、幸せになりたいなら、相手の喜ぶ嘘はドンドンついたほうがいいのです。

嘘つきになればなるほど幸運はやってくるもの。

「運が良い」「幸せだ」「お金がある」この嘘もいいでしょう。言葉に出し続けていると、本当に運が良くなって幸せになって、お金に恵まれるようになります。良い嘘は、ついたほうがいいのです。

11／お金だけを好きになるか、人だけを好きになるといい

お金持ちになりたければ、お金だけのことを考えて人間関係など関係なく、ドライに合理的に無駄なくどう生きるかだけを考えればうまくいきます。

友だちもいらない、恋人も親や兄弟も関係なく、お金だけのことを考えます。とにかく、損得勘定だけでお金中心に生きられたら、お金持ちには簡単になれるもの。

逆に、人が大好きでお金のことは後回し、周囲の人のため社会のために、弱い物を守って責任を背負って楽しく元気に仕事に打ち込んでいると、気が付いたらお金持ちになっているはずです。

極端な生き方をしている人こそが、お金持ちになっていたりするのです。

自分がどちらかを選べるなら、選んだ道を進んで

みるといいでしょう。

12 お金持ちの悪口と、お金の悪口は言わない

お金持ちになりたいなら、絶対にお金持ちの悪口を言ってはいけません。

もしあなたがお金持ちだった場合、自分の悪口を言う人と仲良くしますか？　多くの人は仲良くはしないのが当たり前です。お金持ちになりたければ、お金持ちと仲良くなることが一番手っ取り早いのです。

では、どうやったら仲良くなれるのか？　出会いを大切にする、人とのつながりを大切にする、お金持ちが行く場所にできるだけ顔を出して、話せるチャンスを探し、仲良くなれる努力を続けてみるとよいでしょう。

あるお金持ちの奥さまを占った時に、旦那さまとの出会いを聞くと、彼女は高級スーツの販売員をしていたと言います。そこで旦那さまが一目惚れし、猛烈なアタックに奥さまが陥落して結婚。素敵な話に聞こえますが、この奥さま、超貧乏な生活をしていたのです。

もうお金で苦労したくないと思い、高校を卒業して服の販売をしていたのです。デパートの一店舗の店長まで登りつめたものの、それ以上はなかなか生活は変わらなかったそうです。そんな時、ひとつ上のフロアに紳士服売り場があり、仕事でそこに行くことになりました。そこで高級なブランドスーツを購入している男性を見て、

「もっと有名なブランドにはもっとお金持ちが来るのでは？」

そう思って転職をして、狙い通りにお金持ちの人と結婚ができたと言っていました。もちろん店長さんになれるくらいのタイプなので、気遣いができる方で、何より笑顔がとても素敵な人でした。

また、こんなこともありました。年配の歯科医の

先生が、どう見ても年下の先生に「先輩！」と言っていました。最初はなんの冗談かと思っていましたが、話を聞くとその歯科医の先生は30歳を過ぎてから歯科大学に行って40歳になってから歯科医になったと言います。

「なぜ急に歯科医になったんですか？」

と尋ねると、元々は高級車を売っていたのですが、毎回高級車を買う人の仕事を聞くと「歯科医」という答えが多かったのだそうです。それである時、

「そんなに儲かるんですか？」

と尋ねると、

「儲かるね」

とハッキリ言われて、

「これは車を売っている場合ではない」

と仕事を辞めて奥さまを説得。そこから勉強を始め大学に受かり、必死で勉強をして歯科医になり、今では開業して大成功して大金持ちになったというのです。

お金持ちがどこでお金を使っているかを見ているだけでは、それまでのこと。

そこから自分も同じようになってみよう！　と、**覚悟を決めて突き進んだ人が成功しているのです。**

13 占いを無料でやり続けているバカな男

占いの勉強を始めて20年以上が経ちますが、基本的に占いは無償で続けてきました。知り合いの紹介があれば、どこへでも行って占いをしています。この姿勢は今も昔も変わりません。

31歳になるまではコンビニでアルバイトをしながら、無償で占いをしていました。多くの人から「お金をもらったほうがいい」、そう言われ続けましたが「占いではお金を頂かない」と決めていたし、お金を頂くほどのことはない、と自分で思って続けていました。

都内を自転車で回って占いをする生活を続けてい

た頃です。そんな僕を見て、仕事を作ってくれる優しい人が現れました。

「ネットで連載を」「雑誌の連載を」「携帯サイトを作りましょう」……。

いろいろな人が、知名度がない僕に、仕事を作ってくれるようになりました。そんななか、ある人が、僕に言ったのを覚えています。

「そんな生き方をしている人を倒れさせるわけにはいかない」

沢山の人が恩を感じて返してくれて、僕の今があるのです。お金を頂かなくても今でも占いを続けられるのは、多くの人の支えがあるからこそ。

今の僕がいるのは、その支えのおかげなのです。

---

14 タイプじゃない、理想の相手じゃない

「好きな人から好かれません」

そんなことを言って、自分が不運だと嘆く女性に会うことがあります。それは〝不運〟なのでしょうか？　好かれた相手に対して、それが自分のレベルだと、自分はその程度だと謙虚に理解しないと、恋人も結婚も遠のいてしまうのです。

たとえば告白をする時、デートや食事に誘う時、「この人は絶対に無理」と思う人を誘う可能性のほうが低いでしょう。自然と「この人なら大丈夫だろう」と思う人に告白をしたり、誘ったりするのが当たり前です。その時点で、同じくらい、もしくは手が届く範囲だと思われているということは、自分も同じようなレベルなのだと思っていたほうがいいのです。

「好きな人から好かれません」と嘆くなら、己が成長しなければなりません。外見や内面や社会的地位、あらゆる面で成長して、**自分が好きな人と肩を並べるか、少し上に行くくらいの気持ちがないといけない**もの。恋愛も結婚も、その気持ちから運が開けてくるはずです。

15 結婚にお金や経済的な理由を加えていると、いつまでも結婚できない

お金持ちと結婚したいとまでは言わないけれども、安定した生活ができる人と結婚したいと思う女性は多いでしょう。ここでの「安定した生活」とは、もちろんお金の条件の場合が多いのですが、一方で、お金のことを考えているといつまでも結婚はできなくなるのです。

仕事をどんなに頑張っていても、大きな会社に入っていても、世界の経済がどうなるかなど誰にもわかりません。明日、世界経済が破綻するかもしれない。目の前のお札に価値がなくなるかもしれない。先の経済のことなんか、誰にもわかりません。

わからないことなのに「安定した生活」を望むから、つまりは結婚そのものがわからなくなるのです。

大切なのは一緒に頑張れる人、楽しい人や居心地のいい人を見つけて結婚をすればよいだけです。不景気になっても笑顔でいられる人、というだけでいい。

一緒にいて「楽だな」と思う人と結婚をすれば、結婚生活は安定するものです。

結婚をしたければ 10カ条

1. 経済的なことを考えない
2. お笑い芸人の話をする
3. どんな異性も異性としての扱いをする
4. 恋にワクワクやドキドキを望まない
5. 将来の話はポジティブに広げる
6. 男は度胸、女は愛嬌
7. 婚活に踊らされない
8. 似たようなタイプとは付き合わない
9. 言い訳を探さない
10. 結婚は勢いと覚悟だと思っておく

16 買い物をするなら「楽しい」をテーマにするといい

お金持ちの家に行くと、「何ですかこれ？」という物が必ずと言ってよいほどあるものです。一見、使い方のわからない家電や、キッチン用品、雑貨のような小物だったりもします。尋ねられるとお金持ちたちは必ず、

「これあると楽しいでしょ？」

そう答えます。「楽しい」と。お金持ちは、**お金の使い方に「楽しい」を心掛けているの**です。それは自分だけではなく、家に来た人を楽しませることが好きだということでもあります。楽しくお金を使うことができるから、楽しく仕事ができるようになる。

これから買い物に出かける時は、「楽しいかな？」そう思って買ってみるといいでしょう。

---

17 自分は不要。自分をどれだけ消せるかが大切なこと

人生を楽しく面白く幸せに生きたいなら、**「自分」を失くすことが大切**です。

個性や自分は必要ありません。苦しんでいる人や苦労が絶えない人ほど、「自分の生き方」や「自分のやり方」にこだわってしまうのです。自分で自分を作るのではなく、他人から言われる己が自分でいい、と思うことです。

「まじめですね」と言われれば「自分は真面目なんだな」と自覚して、真面目に生きればそれでいいのです。素直にそう生きていれば、人生はとても楽になります。

自分はそんなんじゃない！　と自分を出そうとすればするほど、他人は受け止めてくれないもの。よほどの才能や努力をしているなら別ですが、日々を普通に過ごしているなら、自分は要りません。自分

を消せば自然と個性は出てくるもので、その個性は周囲が決めてくれることだと考えてください。

18 変えられる過去、変えられない未来

過去の出来事は変えることはできません。当たり前のことに聞こえますが、過去の出来事の思い出を、そこでの経験が現在の幸せに繋がったと考えるとしたらどうでしょう？　どんな過去でも、今に繋がったことへ感謝ができる人は、未来も明るく変えられます。過去に執着したり、過去の責任にして妬んだり、恨んでいると、いつまでも前に進めなくなるものです。

変わらぬ過去の出来事のなかに辛い過去があったとしても、「あの時のおかげで今がある」と、過去のおかげだと思うようにする。少しでも嬉しいことや楽しいことがあった時に、そう思える人には、明るく幸せな未来が待っています。

過去を変えなければ、未来は変わらないのです。

19 結婚するなら、お笑い芸人の話をすればいい

相性のいい人と結婚したいと思うなら、好きなお笑い芸人の話をすればいいのです。

自分の好きなお笑い芸人を、同じように好きでいる相手なら相性がいいはずです。

逆に「あのどこが面白いの？」と言うような人とは相性が悪いので、付き合うことも結婚もないと思っていいでしょう。

結婚するなら、一緒に笑える人が一番いいのです。

20 TVをダラダラ見ない

TVを見ることはいいのですが、目的もなくダラダラ見るのはいけません。

お金持ちの多くの人は、リラックスする時間を決めて、決めた時間だけTVを見るようにしています。かれらは、情報を集める時はできるだけ専門家や専門知識のある人から話を聞きます。**誰が言っているか、を大切に考えます。**誰が書いたものかわからない雑誌を読んでも鵜呑みにしないで、娯楽の一部だと割り切ることができます。

これに対して、成功しない人の多くは「TVで言っていた」「雑誌に書いてあった」と融通も利かず、何でもバカ正直に受け止めてしまいがちです。

お金持ちになりたければ、その情報が娯楽なのかどうか、しっかり判断できるように自分を成長させましょう。

21 健康情報を沢山知っていたほうがいい

お金持ちは、健康をとにかく大切にします。

健康であればお金を稼ぎ続けられる、健康であれば人との繋がりを大切にできる、健康が今の生活を安定させ、更に向上させられるとわかっているからこそ、お金持ちや成功者は健康の話や健康情報が大好きです。

どこの水が良いとか、どのサプリが良いとか、パワースポットやら食材の話やら、健康に関する話のネタに困らないようにいろいろ知っておくと、よい感じに仲良くなれるでしょう。

ただ、健康になるからといって物を売り付けようとすると、突然距離が空いてしまいます。話のネタだけで十分です。

22 心を開くのが「開運」

「開運」という言葉だけで、なんとなく運が良くなる、というイメージを持つ人が多いと思います。でも、「開く」というだけ。そもそも、いつ〝閉〟運したのか、閉じた覚えはないはずです。

開運とは、いったい何なのか？　占いを20年以上勉強してきて、「運」とは何かを考えてきました。たとえば、じゃんけんに強い人。瞬間の運を持っている人は運がいいのでしょうか。瞬間の運と、人生を通じての運は、意味合いが大きく違います。

たいていの人は、一瞬の出来事の幸せを指して、運がいい、と思っています。では、努力に努力を積み重ねたことは、運がいいと言わないのでしょうか。一瞬の幸せに至るまでの努力を見ない人は、「運がいい」と言うかもしれません。でも、それは運ではなく、実力なのです。

「開運」の「開」が指しているのは、「心」だと思います。

心を開く、素直に受け容れる。疑いの目ではなく、素直にそのままを受け容れて、本来の自分らしく生きる、ということが「開運」なのです。

人には、それぞれ生まれ持った才能があります。その才能を出せばいい。芸術家タイプは物を作ればいい。商業的なタイプは、人の中に入っていけばいい。体育会系のタイプは、体を動かせばいい。**才能に素直に生きる。**そんな意味が開運にはあるように思います。

運気は、時のタイミングを計ることで、運は、人の心のこと。開運や運について考えてきて、そう考えることがあります。「運がいい」と、何があっても言い続けた人に、必ず「運」はやって来ます。ただ、真面目に頑張っている人のほうに、少しだけ早く回ってきます。だから、やっぱり人は頑張らないといけないのです。

23 文句があるなら、すべてを投げ出して前に進めばいい

2005年の夏、僕の手元には数百円の小銭しかありませんでした。その夏は、自分の占いでは「終わりの日」。自分では、死んでしまうものと勝手に思っていました。実際には、家電が三つ潰れて、携帯電話のメモリーが全部消えただけで済みました。死ぬこともなく、無事生きていて、手元には数百円の小銭しかなかった夏でした。

それでも、借金だけはしませんでした。芸人を始めても、親にも彼女にも、どんなに困ってもお金は借りませんでした。自分の決めた道だから。自分の才能がどれほどなのか、どれだけ通用するのか、人生のなかで一度くらい、自分の好きなことをやってみようと思っていました。結果は、ダメだったのですが。

いいんです。すべての人が結果を出せる世界ではないことは、最初からわかっていました。才能と努力とタイミング、さらに時代、外見、声と喋り方、度胸、勇気、それに人脈。すべてが揃って、初めて売れる世界です。やっぱりダメだったのですが、それはとても楽しい時間でした。コンビを解散した頃の僕は、どん底でした。作家になって、彼女もいなくなり、先がまったく見えなかった頃です。

自分には何もないから、来る仕事は全部やりました。けれども、どんなにお金がなくても、**占いでお金を頂こうとはしませんでした**。占いに行くときは、自転車で行き、朝からバイトをしていました。それでギリギリ食いつないで、少しずつ原稿の仕事が来るようになりました。パソコンもなかったので、何年もの間、借りていたほどです。回線を引くお金もなかったので、USBにデータを入れて、いろいろな編集部や放送局へ自転車で届けていました。結果的に、届け先で占いをすることが営業になり、仕事をもらって生きていた、そんな頃で

した。それをただただ繰り返して、いつの間にか、今の生活があります。

どん底の頃は、ただ前に進むしかなかったのです。生きるために何をするか？ 自分のできることを、できるだけ考えて動き続けていました。今は、仕事があります。油断をすると、あっという間になくなってしまう仕事ですが、ただ前に進むしかないことは変わりません。

占いに来る人たちの悩みを聞いていると、

「何を守っているんだろう？」

と疑問に思うことがあります。すべて投げ出してみればいい。何もなくなってしまったら、人はやるしかなくなります。前に進むしかなくなります。良くも悪くも、追い込まれないと人はやらないものです。

何もなくなると、すべてのことに感謝できるようになります。仕事をくれる人、面白がってくれる人、ご馳走してくれる人……。周囲の優しさに気付くから、自分も優しくなろうと思えるのです。すべてを失ってから、やっと見える物があるのです。愚痴や不満を言う人にはゆとりがあると思います。

文句があるなら、全部投げ出して、前に進んでみればいい。悩みや不安を抱えるくらいなら、すべてなくして我武者羅に生きてみれば、気が付いたら前に進んでいて、余計なことも考えずに済むのです。年齢を重ねてしまった人はなかなかできないかもしれませんが、若い人ならまだまだできると思います。一度きりの人生だから、やってみるのは悪くない。真面目に一生懸命に頑張っていれば、たとえダメでも、必ず助けてくれる人がいるはずです。

24 塞翁が馬、の後のこと

故事から引きます。

ある村に裕福な老人がいました。貧乏なその村で、馬を持っているのはその老人だけでした。だから、ほかの農民からはとても羨ましがられていました。ある日、その馬が逃げてしまいました。村人たちは「なんて不幸なことだろう」と慰めました。その老人は、「これが不運なのかは、わからない」そう言いましたが、村人たちは「不幸に決まっている」と、思っていました。

数日後、老人の馬が帰ってきました。しかも、野生の駿馬を連れて帰ってきたのです。周囲の人々は「なんて幸運なことだろう！」と祝福しましたが、老人は「これが幸運なのかどうかは、わからない」と答えました。さらに数日後、その駿馬に老人の息子が乗っていて落馬したことから、足を骨折してしまいます。周囲の人々は「なんて不幸なことだろう」とお見舞いしましたが、老人は「これが不幸なのかは、わからない」と言いました。

しばらくすると、隣国との戦争が始まり、徴兵で村の若者はほとんど軍隊へ入れられました。でも、老人の息子は足を骨折していたため、戦争に行かなくて済みました。戦争から帰ってきた村の若者はほとんどいませんでした。周囲は「なんて幸運なんだ」と老人を羨みましたが、老人は「これが幸運かどうかは、わからない」と言うきりでした。

今から2000年以上前の中国で記された、塞翁が馬というお話です。**幸運と不運は常に変わり、どれが不幸でどれが幸運かは、誰にもわかるわけがありません。**今の自分が不幸だと思い込んでいる人がいても、それは幸運に繋がるかもしれないのです。どれが幸せで、どれが不幸かなんて、多くはわからないのですよ。良い時もあれば、悪い時もあるというだけです。運の流れがわかれば、いつ決断して、いつ行動すれば良いのかがわかります。『ゲッターズ飯田の運命の変え方』（ポプラ社刊）は、この運気の流れをテーマに著したものです。そのデータから、自分がどう行動するのか、それは自分次第です。その判断をする時に、自分にとっての幸せが何かを知らなかったら、どうでしょう。

本書では、自分にとっての幸せを知るために、自分のなかの五欲のバランスがわかるように書いてみました。あなたが判断し、動き出すときに、きっと参考になるはずです。

25 恋人や結婚相手に望むことを三つ挙げてください

自分のことはなかなかわからないもの、とはよく言われることです。それを知るための、ひとつの質問があります。参考までに、答えてみてください。

恋人や結婚相手に望むことを三つ挙げてください。

一つめは何ですか？

二つめは何ですか？

三つめは何ですか？

さて、さらにもう一つ挙げるとしたら、何ですか？

実は、このあと**「さらにもう一つ」と訊いた時の、その答えが、あなたの本心**です。周りの人に試してみてください。恋愛や結婚で悩んでいるのなら、自分を知るきっかけにもなるでしょう。

出世したければ10カ条

1. 上司を出世させるように頑張る
2. 会社や上司に文句や愚痴は言わない
3. 職場では「感謝しています」と言う
4. 言われたことは素直にやる
5. 「でも」「だって」は言わない
6. 「おかげさまで」を口癖に
7. 悪いのは全て自分だと思う
8. 仕事の楽しみ方を探す
9. 礼儀やルールは守る
10. 接待や飲み会では無礼のないように盛り上げる

26 好きなことに一生懸命になれるか？

まだ売れていない沢山の芸能人の方々を占ってきて、どんなタイプが売れるのかには、大きく二つのパターンがあるとわかりました。

売れた人のタイミングとは、運気が最高にいい時期か、運気が最低に悪い時期で、そのどちらかに当てはまる人、という場合が一つ。もう一つは当然ながら、才能がある、という場合です。実は、あともう一つ。その仕事が本当に好きかどうか。好きなことならブレずに進めます。実は、これが一番大切で、どんなことでも前向きに捉えて突き進めるのです。

「飯田さんを絶対超えますよ！」

「絶対、売れてみせます！」

そんな人は、なかなか売れないものです。なぜ売れることだけを考えるのでしょう。芸能界にいる人なら、何が売れるのかなど、さっぱりわからないことをよく知っています。どんなにお金をかけてプロモーションしてみたところで、売れない人はやっぱり売れないものです。

目には見えない「運」があるのです。売れたい気持ちは大切ですが、本当に大切なのは、それが本当に好きなのかどうかです。人は、本当に好きなことに打ち込んでいると魅力が出てくるもの。イヤイヤやっていると、やっぱり輝かないのです。どんな仕事でも前向きに捉えて、求められることに応えることが大切です。自分のプライドなど捨てて、求められるなら、それに全力で応えればいいのです。

恋愛も同じです。自分は求められる人なのか？　それほどの人なのか？　求められる人、魅力ある人に、まずならなければいけません。

好きなことに一生懸命になれば、魅力は自然と出てくるのか？　いろいろな人を見てきて、**好きなことに一生懸命になれる人が一番魅力的**だと、そう思います。

27 「でも」と言わない

周囲からのアドバイスに、もう口癖のように、「でも」と答えてしまう残念な人たちがいます。

「そんなに自分を通してどうするんだろう？」

と、いつもそう思います。

「でも」と言う人は、いつまでも同じミスと、同じことを繰り返します。大成功しているのなら、構いません。「はい」「そうですね」と、相手にあわせなければいけない立場の人たちは、話を聞き入れるしかない場合があります。そう伝えると、このタイプの人たちは、大抵、こう言います。

「それじゃあ、自分じゃなくなってしまう」

「自分らしくない」

「自分がない」

などなどと、言い返してきます。

何かを変えたい、お金持ちになりたい、恋を成就させたい、仕事で出世したい、そう本気で思うなら**「自分」なんて要りません**。「自分」を出して良いのは子どものうちのこと。本気でなんとかしたい、と思っているのなら、成功した人から学ぶしかありません。2節で書いたとおり、学ぶの語源は「まねる」。人生は模写から始めなければなりません。まねることが上手い人は生き方が上手い人。プライドばかり高くて、これといった考えもなくただただ自分を通す人では、そのうち周りが、

「この人に言ってもダメだ」

と感じ始めます。そう思われたら、人はおしまいなのです。周囲からいろいろ言われなくなったら、人はどんどんダメになっていきます。アドバイスしてくれる人も、説教してくれる人も、教えてくれる人も、怒ってくれる人もいなくなったら、もう人は変われなくなります。特別でもなく、天才でもなく、努力もせずに、「自分は」を通す、というのはただの馬鹿者です。恋も仕事も上手くいくわけがありません。

何か言ってくれた人に、言ってくれて「ありがとう」と、本気でそう感謝できれば、人は変わります。その人の期待に応えられるように、生きようとします。

まずは、自分を消してでも周囲の期待に応えようと生きてみればいいのです。周囲に感謝できる、素

直な人になれるように生きてみるといいのです。

28 結婚のコツは勢いで、恋のコツは勇気で、出会いのきっかけは行動力

結婚は、長い将来のことを考えるのが普通です。将来のことを考えるから、相手選びは慎重になり、いろいろな条件を付けることにもなります。その時、大切なのは、それまでの自分の生き方。

所詮他人は他人、慎重に観察すれば欠点も弱点も見えてきます。理想の人なんて見当たりそうにないかもしれません。では、どうしたらいいのか？

それまでの自分の生き方を信じるしかないのです。生き方が作った自分の異性の選び方を信じることです。**自分が選んだ人だから大丈夫、自分を選んでくれた人だから大丈夫、そう信じることができないと、結婚をすることは難しい。**真面目で優しい人ほど、行動力も勇気もない。いい人ほど勢いがない場合が多いのです。男女とも、真面目でいい人は沢山いるので、ここは男のほうから積極的にならなければ、真面目な人が損をし続けることになります。

男はそもそも、度胸のない生き物です。男らしい男が減ったのではなく、もともとがそうだから、女性のほうも好意を上手に伝えることが肝心かもしれません。

「この人と一緒にいたら楽しそう」
「この人となら安心して生活できそう」

それでも、過度な期待はホドホドに。

29 幸せになるには、勇気と度胸と気合がいる

幸せになりたければ、何事も、勇気と度胸と気合が必要です。幸せもピザも呼ぶからやって来ます。黙っていたら、届かない。愚痴るから愚痴りたくなることがやって来る。

言葉に出すから変わり始めて、行動するから大きく変わるのが人生です。動けば筋肉のように、運もついてきます。

お金持ち、モテる人、出世した人……、他人の幸せと比較する必要はありません。小さなことでも、自分の幸せが何かを見つけることが大切です。どんなに小さな幸せでも、大きな幸運を呼ぶきっかけになることがあります。

一日一回「ありがとう」と言われる生き方をすると、運気が上がります。挨拶とお礼が素直に言える人は、幸運を掴みます。挨拶ができず、お礼が言えない人は、永久に不運です。

自分のために、他人が頑張ってくれたことを「得した」と思う人には不運が、「感謝して恩を返そう」と思う人には幸運がやって来ます。

単純な目先の幸せが、後々までの幸せとは限らないのです。今、不幸だからといって、未来も不幸とは限りません。今の幸せが不幸の始まりで、今の不幸が幸せの始まりかもしれないのです。だから**今が辛いから不運だとか、不幸だとか思わないほうがよい**。他人と比べたり、他人のせいにしたり、他人を妬んだりしても、何も変わりません。まず、自分を見つめて頑張ってみましょう。小さな幸運や幸福は、大きな幸運や幸せの始まりだから。それは苦労ではなく、経験という幸運です。

30／順番を考えたほうがいい

結婚に向けての活動をするのが婚活。これは良いことなのですが、世の女性たちは婚活に踊らされているような気がします。婚活という言葉がなかった頃には、

「出会いはいつでしょう？」

「彼氏はできますか？」

という質問が多かったはずが、

「結婚できますか？」

が、圧倒的に増えました。もちろん、結婚を意識

することは良いのですが、順番がおかしくないでしょうか。以前は、彼氏がいる人が、

「結婚できますか？」

だったのに、相手もいないうちから先に結婚を考えてしまう。

まずは順番です。知り合いを増やして、人に沢山会って、気になる人を見つけて、好きになって、恋が始まって、ある程度付き合ってから結婚を意識する、というのが順当です。

「人に会うのが面倒です。結婚したいです」

と、なると、これはもうめちゃくちゃです。


まずは人と話しましょう。コミュニケーション能力を上げることです。知らない人と話すのが面倒というのは相手も同じこと。あなたにとっての初対面は、相手も同じ。異性が喜びそうな情報を集めたり、趣味を増やす、視野を拡げる、知識を増やす、いろいろ考えられます。恋愛の上手い人は、努力しているものです。まず結婚、ではなく、まず人との縁や、人に優しくしたり会話を楽しむことに気を配ります。

いきなり結婚、というなら、お見合いをするのが一番です。ブームにノセられてはいけません。

第四章

ゲッターズ飯田の
あらゆるタイプに
共通の
開運3ヵ条

一．背筋を伸ばす

二．チョコレートを食べる

三．白いシャツを着る

開運のために何をすべきか？

簡単に言うと、「苦労を苦労と思わない」。これが開運の最大の近道かもしれません。面倒なこと、不慣れなこと、苦手なことに直面することは誰にだってあります。ただ、それを苦労と感じず、試練と受け取り楽しそうに学ぶ人もいます。「苦労なんてしたことない」と言えるような人になればいいのです。

どうすべきかを理解することができたとしても、それを心に刻むのが難しい。ちょっとしたハプニングでも動揺や混乱によって心の中から消し去ってしまいがちですから。想いを心の中に留めるのは簡単なことではありません。そこで、開運のための第一歩として、誰でも簡単に実行できる3つのことをまずお伝えしました。

「背筋を伸ばす」「チョコレートを食べる」「白いシャツを着る」

ただそれだけで、運気は確実に上昇する。運気が少しでも上がったことがわかれば、運気のことを意識しはじめます。

開運のために何をすべきか？

一・背筋を伸ばす

背筋を伸ばし姿勢を正している人は、堂々としていて頼もしく感じます。また、全体を見渡すことができるようになるので、無駄な緊張感から解放され心が静まります。

普段、姿勢が崩れてしまっていても一日一回だけでもいいので背筋を伸ばして姿勢を正してみてください。心が少し軽くなった感じがしませんか？　気分をポジティブに変化させる動作をクセにしましょう。「肩をまわす」「深呼吸をする」などでもいいです。気分がよくなるということは、運気がよくなるということでもあります。他者からみても自分自身も好調に感じるラッキーアクションのひとつです。気持ちが落ち込んだら背筋を伸ばして。あなたは、この世の主人公です。胸を張って、自信を持って好きなことを実行しましょう。背筋を伸ばして、痛みが起きる人は無理をせず、すぐに病院に相談へ行ってください。

二、チョコレートを食べる

開運のために何をすべきか?

多くの人を占ってきて、成功者や運の強い人の共通点がいくつかわかってきました。そのなかで最も顕著なのが、「チョコレート好きが多い」ということです。カカオに含まれるポリフェノールの抗酸化作用やテオブロミンという成分による神経の鎮静作用、さらに植物繊維が豊富でミネラルバランスがいいということで、健康維持に有効な食物として注目されています。それが関係しているかどうかはわかりませんが、チョコレートを食べると、簡単に運気をアップさせてくれることは間違いないです。食べると少し気持ちも和らぎますし。

強運の持ち主の多くは、「思ったことを言う」「気分が顔に出る」「面白い」「潔い」などという共通点がありますが、なかなか身につくことではありません。でも、チョコレートを食べるぐらいなら誰でもできるので、是非試してみてください。ただし、食べ過ぎにはご注意を!

三・白いシャツを着る

第一印象は3〜7秒ほどで決まり、悪い印象を覆すためには何時間も要するようです。しかし、その相手が「好ましい」と感じるイメージを考察するのは難しい。ただ、清潔な印象に嫌悪感を抱く人は少ないと思います。爪は伸びていないか？　鼻毛は伸びていないか？　とりあえず清潔であることを心掛けましょう。

日本人が最も清潔感を感じる色は白です。「潔白」という言葉があるように、白は清潔で汚れのないイメージを抱かせます。ある企業で営業担当の社員のワイシャツを白に限定したら、わずかながら売上がアップしたという話もあります。白いシャツを着ることによって、信頼感が少しだけアップするようです。

とくに、お願い・お詫び・お礼で人と会う時は、襟つきの白いシャツを着ることをおすすめします。白いシャツは、運気上昇にとって重要な「清潔感」と「信頼感」を象徴するアイテムです。

Column 2

運気には表と裏がある

運には、良い時期悪い時期がありません。何をもって良い時期とするのか、何をもって悪い時期とするのか、人それぞれ違いますから。

表運気の時期は、自分の努力が評価される時期です。がんばればいい時期ではなく、どれだけがんばってきたかが大切になります。運の貯金を一気に使う時期だと思ってください。力をつける時ではないが、実力は評価されます。

裏運気の時期は、ガムシャラにがんばって努力をしてもなかなか評価されません。不慣れや苦手なことに直面することもあります。悲しいことも辛いこともあります。

しかし、それは己を鍛えパワーアップする時期。運を貯める時期だと思ってください。

人は、これをあるリズムで繰り返します。表の時期が短い人は裏の時期も短く、裏が長いと表も長くなります。

最短の表運気は1年半、最長で144年です。裏も同じです。大切なのは、裏の時期に突入する前、そこで何をするかです。まずは、現状を受け止めること、他人の責任にしないこと。すべてを受け入れて、そこからどうするかを考えて行動してください。表も裏も自分です。

Getters Iida Getters Iida
Better Fortune Book

第五章

ゲッターズ飯田の 強運の法則 40

ここで言う強運とは、
あぶく銭が転がり込んでくるようなことではありません。
もちろん、運気が良いときに
そういうことが起きるのも珍しくないですが。
生きていくなかでは、良いことも悪いこともあります。
良いことは悪いことに繋がり、
悪いことは良いことの種だとわかることもあります。
どんなことにも動じない心を持つ。
それこそが強運です。

法則 01

「学ぶ心」で幸運を引き寄せる術

僕は、占いで不運なことが起こるとわかっても、あえて相手に教えないことがあります。不運を避けてばかりでは、人は強くなりません。大切なのは、**不運から何を学び取るか**です。不運を嘆いても他者を責めても好転することはありません。「不運」を感じた時こそ、「学ぶ心」を発揮して突き進んでもらいたいと思います。

法則 02

「大切な人」を大切にすると人生が楽しくなる

「お金持ちになれば幸せになれると思っていました。でもそれは間違っていた……」と嘆く相談者は多い。悩みや不安は、姿や形を変えてやってきます。傍から見て幸せそうなのに、心が満たされていないのはなぜか？　それは、「大切な人」を大切にすることを忘れてしまっているからです。**大切な人と楽しく過ごす**ことを心掛けましょう。

法則 03

「おかげさまで」と素直に言える人は幸福になる

感謝がない人に何を伝えても伝わりません。感謝がない人は何をやっても続きません。感謝がない人は何をやっても成功しません。どんなことがあっても、「おかげさまで」と言える人は、すでに幸運を摑んでいます。**感謝を伝える方法**はいろいろありますが、まずははっきりと言葉で表現しましょう。読んで頂いて、ありがとうございます。

法則 04

「楽しもう」と思う心が人生を変えていく

「もう嫌だ」そう思ったらいろいろなことが次々と嫌になってきます。文句を言ったり、愚痴をこぼすのはしょうがないでしょう。しかし、そこから抜け出せれば達成感を呼び、自分の力と自信になります。苦難を乗り越えることにやりがいを感じ、「楽しもう」という**軽い気持ちが大切**。それに共感する仲間ができれば、なお楽しいです。

法則 05

決断力なくして開運はなし。不運も招くが強くなれる！

人生には、闇や分岐点があります。それは、「運が良い悪い」などということよりも重要です。闇に突入する直前と分岐点での判断が大切です。将来がかなり変わりますから。流れを読んで何を決断するかによって、**闇をトンネルにする**こともできます。決める時は決める。流される時は流される。決断できる人が運のいい人なのかもしれません。

法則 06

人を認めることができる人間が、人から認められる

「人に認められる」ということは、大切なことですが、認められたいならまずは、他人を認めること、他人を褒めること、他人の才能を認めること、他人の才能を見つけてあげることが重要。凄い人、デキる人、面白い人、カッコいい人……**何でもいいので認めてあげてください**。その人があなたのことを認めてくれるようになります。

法則 07

本気が出せる何かが見つかれば運は開かれる

がんばらなくていいし、無理しなくてもいいから本気になりましょう。恋や仕事や勉強や人間関係など何でもいいのです。一生にひとつくらい「自分はこれに本気になれた」ということがあるだけで人生は楽しくなります。本気でやれば、本気の仲間も集まって、本気で人生に取り組めます。まずは、本気が出せる何かを発見しましょう。

法則 08

「自分は何が好きなのか？」を再認識する

自分の好きな物や好きなことを再認識することによって、周囲の人もあなたを扱いやすくなり

ます。たまに、「あの人、何が好きだったっけ？」とプレゼントなどに困る人がいますよね。何が好きなのかを対外的にもはっきりさせておけば、思い出してもらえる機会や同好の仲間も増えてきます。**好きな物事がはっきりすれば自然と運が開けてきます。**

法則09

自分の3年、5年、10年先を想像する

まずは、3年先の自分の幸せな未来をできるだけ具体的に想像してください。そして、いまの自分の状態を振り返りましょう。未来の自分からいまの自分に何かアドバイスがあるはずです。さらに、5年先、10年先と続けてみます。**幸せな未来を想像して、そこから現在を振り返る**といまの自分のすべきことが見えてきます。

法則10

動けば運も筋肉みたいについてくる

動かない人には、運は向いてきません。動きさえすれば、心配しなくても運は必ず向いてきます。身体を動かすと運気も鍛えられます。動けば、運も筋肉みたいについてくるのです。動けば、よいことも起これば悪いことも起こります。そして、運というものを学習します。**動き出すことは、開運のためのはじめの一歩**です。

法則 11

出会った人の褒められる部分を10個探す

人の良い部分を探して褒めることができる人は、必ず幸運を摑むことができます。人の欠点や弱点ばかり探して、批判ばかりしている人は成長しません。出会った人の褒められるところを探す癖をつけましょう。まずは、10個ほど見つけてみてください。そうすれば、その人に対して好意的に接することができて交流が深まることでしょう。

法則 12

「たまに」は、幸福感を呼び込む

「たまに」はおしゃれをしたり、「たまに」は旅行に出かけたり、「たまに」はイメチェンしたり、「たまに」はカッコつけたり、「たまに」はダサいこともしたり。**「たまに」をすると、気分が変わるし、新しい出会いもある**かもしれません。生活に飽きたら、「たまには○○してみるか」と気軽な気持ちで行動してみましょう。

法則 13

お祭りやお祝いごとは、積極的に楽しむ

春は春らしく、夏は夏らしく、秋は秋らしく、冬は冬らしく、季節に合ったことをするのはと

ても良いことです。正月、節分、バレンタイン、ひな祭り、お花見などなど、日本にはいろいろなお祝いごとがあります。お祭りやお祝いごとをしっかりやっている人は、幸せそうに見えます。**行事やイベントは、面倒くさがらずに楽しみましょう。**

法則14

ただ普通の会話をするだけで運気はアップする

人間の会話の6割が、愚痴や不満、文句や悪口です。誰かに、このようなネガティブな発言をすることで、少しはストレスの解消になるでしょう。しかし、聞いているほうはあまり良い気持ちはしません。**ネガティブな発言を受けても、それに同調せず**に残り4割の普通の会話を心掛けてください。会話をすることがもっと楽しくなります。

法則15

不運はこまめに消化しておくといい

小さな不運も先送りしていると大きな不運に育ってしまうことがあります。「嫌なこと」「イライラすること」「不運だと思うこと」「面倒なこと」などは、すべて不運を消化するチャンスです。**不運はマメに消化しておけば、大きな不運を招きにくくなります。**生きていれば、大なり小なり不運に見舞われることもあります。不運も慣れればそれは日常ですから。

法則 16

〝聞き上手〟が一番得をする

どんな苦労をしたのか、どんな面白いことがあったのか、何が好きなのか、愚痴や不満でも何でも聞き出すといい。笑ったりリアクションをしたりして相手を元気にさせられれば、どんどん人気が上がってきます。自分の話ばかりしないで、聞き役に慣れればいい。**上手な聞き役になれれば、人生はもっと楽に進んだり得なほうに進みます。**

法則 17

コミュニケーション能力と運気は比例する

人が抱える悩みの多くは対人関係です。誰とでも仲良くしていればほとんどの悩みはなくなります。つまり、**コミュニケーション能力が高い人ほど悩みが少なく運がいい**ということです。それは、ちょっとした心掛けと努力によって、誰にでも手に入れられる能力なのです。多くの人と仲良くすれば、それに比例して運気も上がります。

法則 18

自分の嫌な部分も才能と考える

妬む自分、愚痴る自分、嫌なことばかり考える自分……などといった**自分の裏側に注目**

してください。自分の陰や自分の裏側に一度注目して嫌な部分を冷静に見て、「さてこれには何の意味があるんだろ」「これをどうやって活かそう」と考えてみることが大事です。あなたのマイナス面も立派な才能かもしれませんから。

法則 19

「迷う」時に開運の扉が開かれる

「米」に「辶」（しんにゅう。行きつ戻りつする、の意）で「迷」という字になります。食べるということ、生きるということは迷うことで、迷うということは生きることだから迷ってもいいのです。**迷うことは負けではありません。**それは生きることそのものなのです。迷ったり遠回りした分、他の人が見えない何かが見えるはずです。それがその人の財産になります。

法則 20

旅に出て幸せの種類を知る

自分が運のない人間だと感じたら、少しでも視野を広げる努力をしましょう。そのひとつとして、旅に出ることをおすすめします。旅から学ぶことは沢山あります。旅に出れば嫌でも多くの人と接することになります。**人と触れ合うことこそが開運の近道です。**世界の広さを知ることは、幸せの種類を知ることでもあります。

法則21

自分のことばかりではなく人のことを考える

人は、自分のことばかり考えている人を好きではありません。人は、他人のことを考えてくれる人を好きになります。人は、**他人の責任を背負える人をもっと好きになります。**

人は、苦しい時ほど自分のことばかり考えてしまうものです。しかし、そんな時こそ人を思いやる気持ちを持つと自分の苦悩からも解放されます。

法則22

人の優しさに敏感になる

幸運な人は、人の優しさに敏感です。人からの優しさを感じ取り幸せに感じて、感謝の念を持ちます。**感謝の念は、開運のための大きな鍵です。**人の優しさに敏感に生きるか、人の優しさに鈍感に生きるか。ただそれだけで幸福度は違ってきます。他者が与えてくれるちょっとした優しさに敏感になるだけでも幸せになれます。

法則23

「人生に負けはない」と心得る

自分の夢が破れたとしても、目標を達成できなかったとしても、人生に負けたわけではありません。そこで、悲嘆にくれて思考も行動も止めてしまうことこそが問題です。また違う道で、また他のレースで頑張ればいい。破れた悔しさと負けた思いは、必ずその時に役立つものですから。**何かに負けたからといって、人生の負けではありません。**

法則 24

「ダメだ」「無理だ」と思い込まない

子どもの頃に「ダメ」「無理」を言われ過ぎて、自分は何をやっても「ダメ」で「無理」だと思い込んでいる人が多いように思います。子どもの頃に刷り込まれた記憶を捨てましょう。行動も実行もしていないのに「ダメだ」「無理だ」と思い込まないでください。**やってみないとわからないことはいっぱいあります。**とにかく何でもやってみるといい。

法則 25

良いことが起きた時に買い物をする

買い物は、「告白された」「仕事で良い結果が出た」「嬉しい知らせがあった」など、**何か良いことが起きた時**にしたほうがいい。その時の喜びが、服や物とともに記憶されますから。人は思い出を糧に生きています。思い出を積み重ねて経験し、そこから学んだことを活かして前に進みます。良い思い出を蓄積してパワーにしましょう。

法則 26

良いタイミングを知る努力をする

タイミングの良いときの出来事や思いは、必ず良い方向に進みます。占いは、そのタイミングを示すことができるツールのひとつですが、運のいい人というのは自然とその時機を選んでいます。**運が良くなれば、誰でもベストの時を自然と選べるようになります。**開運とは、そういうことです。つまり、そのタイミングを知る努力をすればいいだけです。

法則 27

とりあえず、一歩でも前に進む

人生は、「つまらない」とか「面白くない」とか、自分勝手に思っていても何も始まりません。最初は面白くなくても段々面白くなったり、気がついたらハマっていたなんてことは何度もあるはずです。**一歩を踏み出す勇気と決断。**人生はそれだけで大きく変わります。いきなりガラリとは変わりませんが、踏み出した時に確実に開運に向かうのです。

法則 28

不運で幸福を確認する

当たり前ほどいいことはありません。**日々普通でいられることが一番の幸せです。**

ほとんどの人は毎日運が良くて毎日幸福なのです。しかし、その幸せの価値になかなか気付きません。だから、不幸や不運が訪れて、平凡な幸せに気付かせてくれるのです。そのことを忘れずに日々幸せを感じながら、生活できる人の運は開けています。

法則 29

自分のために時間を割いてくれる人を大切にする

「命とは何ですか？」という質問に、ある人が「命とは自分に与えられた時間です」と答えました。つまり、他者が自分のために時間を使ってくれているということは、命を削ってくれているということです。自分のために時間を割いてくれる人を不愉快にさせてはいけません。**その人は、あなたにチャンスを与えてくれる人**ですから。

法則 30

人のために時間を費やす

人のために時間を費やすと視野が広がります。〝助ける気持ち〟によって、自分の苦悩も忘れさせてくれます。くよくよと自分のことばかり考えていないで、人を喜ばすことを考えて行動してみてください。**自分の周りにいる人は、自分を映し出す鏡**なのですから。素敵な人の周りには素敵な人が、身勝手な人の周りには身勝手な人が集まるものです。

法則 31

愛のある言葉を口にする

日々、笑顔で過ごしたいなら、愛のある言葉を多く口にすればいい。他人に優しい言葉をかけることで自然と笑顔が生まれます。自分のことばかり考えているから、愚痴や不満が言葉になって出ます。**他人に期待し過ぎないで、他人のことを思いやって会話をすればいい**だけです。愛ある言葉を口にすれば、笑顔になって、自然と素敵な人が集まってきます。

法則 32

友だちにこだわらず知り合いの輪を広げる

友だちの数を自慢する人に魅力的な人物を見かけません。そもそも何をもって友だちと呼ぶのか定かではありませんが。お互いが〝友だち〟として認識していることは少ないと思います。つまり、ほとんどが思い込みということになります。友だちを意識し過ぎて、友だちの意思に左右されることが一番危険です。**まずは、知り合いの輪を広げましょう。**

法則 33

仕事と遊びのメリハリをつける

仕事は仕事、遊びは遊び。もちろん、仕事も遊びも、楽しむことが基本ですが、取り組み方ははっきりと変えるべきです。仕事は、一定の緊張感を持って取り組むべきだし、遊びは、解放感のなかで取り組むべきです。肉体も生活も、**緊張と弛緩のメリハリをつけると安定してきます。**力を入れたら、今度は上手に力を抜くことを考えましょう。

法則34

〝憧れの人〟のマネをする

仕事でも遊びでも、憧れの人のマネをすることが上達の近道です。憧れの人が培った能力をマネることによって習得していきます。道具をマネる、愛読書をマネる、考え方をマネる……、**徹底的にマネることで自然と技術が備わってくる**ものです。〝憧れ〟という気持ちは、幸福感そのものですし。まずは、「あの人のように……」と誰かに憧れてください。

法則35

差別や区別はしない

「自分の生き方だけが正しい」と思い込んでいる人は、幸運から遠いところにいます。**人の考え方や生き方は、その人のものであり善も悪もなく正解も不正解もありません。**まず、無条件に尊重する必要があります。そのうえで、自分のスタンスを選べばいいだけです。出生や生き方が非難されて、理不尽な差別を受けている自分を想像してみてください。

法則 36

孤独を恐れない

孤独は、人を痛めることもあります。孤独を恐れるあまり、人のプライベートに激しく干渉してしまう人がいます。不自然に、集団に取り込まれていく人もいます。**孤独を感じた時は、自分を見つめ直す時です。**孤独は、好きなことを見つけるチャンスです。ひとりでいることも好きになればいい。孤独な自分も楽しみましょう。

法則 37

人の集まりに参加する

孤独は必ずしも不幸ではありませんが、ただそれに浸っているだけでは開運のチャンスは巡ってきません。そもそも、人の集まりに入ることができないから孤独になります。やがて参加しようとも考えなくなるわけです。**大きな期待をせずに、まずは人の集まりに参加する**ことからはじめましょう。楽しくなければ、離れればいいのですから。

法則 38

一日一回、〝ポジティブ〟を発する

これまで会ってきた人の中には、「路頭に迷って悩んでいる」と聞くと、「切磋琢磨してるね～」

とか、「失業した」と聞くと「今から世界中の会社に入れる権利を手に入れたね」とか、驚くほどポジティブな発言や発想をする人がいます。そういう人は**人気もあるし楽しそうです。**

一日一回でもいいから〝ポジティブ〟を発する訓練をしましょう。

法則39

失敗をする

失敗をすることは、不運なことではありません。失敗のない成功はありえませんから。失敗から何も学ぼうとしないことが不幸なのです。何でもマイナスに受け止める人に、幸運な人はいません。占いで何を伝えても「ダメですよね」「ダメじゃないですか」と口癖のように言う人がいます。何もしないでダメと決めつけることが一番いけません。

法則40

「まあいいや」と言ってみる

生きていれば誰だって、いろんな苦難に出遭います。しかし、どんなことがあっても100％シリアスにならず、心のどこかで「まあいいや」という感覚を残しておいてください。**「まあいいや」「なんとかなるさ」などは、口にするだけでなんとなく楽になれて運気が上がる言葉**です。「でも」「だって」は運気の下がる言葉です。言葉遣いにも気をつけましょう。

おわりに

開運ブックを最後まで読んで頂きありがとうございました。占いの部分も開運方法も時々でもいいので読み返して頂けたら役立つものになっていると思います。改訂版が出るということで、この本を読み返して、自分でも忘れていたことや大切なことを改めて学ぶことができ、理解しているつもりでも忘れてしまうのが人間だなと、改めて感じました。難しくもなく、簡単で単純な方法が開運に繋がるので、自分と相手のためにどう行動するか考えてみると良いと思います。

「運がいつまでも良くなれない、人生で一度も良いことがない」。そう嘆く人に何人も会ってきましたが、多くは気が付いていないだけ、今の自分に見合う幸せを見つけようとしない、日々感謝が足りないことが、いつまでも自分の人生を苦しめている原因、という人もいます。生き方や考え方を少し変える、実際に行動して自分の成長を楽しむことを忘れないようにしてください。

この本に書かれていることを少しでも良いのでできる所からやって、習慣や癖になった時には、運の良さや開運していることが何なのか理解できると思います。

これまで約6万人を無償で占う中で、同じような運気でも差があるのは、当然ですが、本人の努力や精神力、感謝の気持ち、何よりも他人を大切に思う気持ちの差があり、どんな時でも前向きに楽しく生きようとする、明るく生きる覚悟がある人には必ず運が味方してくれて、一度の人生をどう楽しむかが重要になって来ます。ただ、一度の人生はあなただけではなく、相手や周囲の人も一度の人生を楽しもうとしていることを忘れないようにしてください。自分も相手も多くの人と共に人生を楽しめるように、日々工夫や知恵を絞る必要はあるでしょう。

最後に、開運ブックを読んで頂き、また、「おわりに」まで目を通して頂き、ありがとうございました。ご縁があれば直接会って占いをすることもあるかと思いますが、この本や他のゲッターズ飯田の本を読んで、少しでも前向きに皆さんが笑顔で日々を過ごせるような本を、これからも書いていきたいと思うので、今後ともよろしくお願いします。

皆さんが少しでも開運をして、日々を楽しく過ごして頂けたら幸いです。

ゲッターズ飯田

ゲッターズ飯田《いいだ》の五《ご》星《せい》三《さん》心《しん》占《うらな》い 開《かい》運《うん》ブック

改《かい》訂《てい》版《ばん》

2021年1月27日 第1刷発行
2024年3月8日 第5刷発行

著者 ゲッターズ飯田《いいだ》
発行者 森田浩章
発行所 株式会社 講談社
〒112-8001
東京都文京区音羽2-12-21
電話 編集03-5395-3474
販売03-5395-3608
業務03-5395-3615
印刷所 TOPPAN株式会社
製本所 株式会社 国宝社

ISBN978-4-06-522728-2 N.D.C.148 216p 19cm

KODANSHA